말

"감각의 형태"

말

정지은 지음

은행나무

인간이 가진 고유한 것 가운데 하나가 언어다. 동물이 공기 없이 살 수 없고 식물이 빛과 물 없이 살 수 없듯이, 인간은 언어 없이 살 수 없다. 언어 가운데 특히 말은 우리의 호흡이 날숨과 들숨으로 이루어지는 것처럼 발화와 청취로 이루어져 있다. 그렇다면 이러한 언어는 오로지 인간의 전유물일까? 동물을 사랑하는 사람들, 특히 반려동물과 생활하는 사람들은 동물에게도 언어가 있다고 대답할 것이다. 실제로 오랜 기간 인간과 동거하는 반려동물의 경우, 인간과 교감하는 것처럼 보일 때가 있다. 인간의 언어로 교감하고 소통하진 않더라도 반려동물은 인간의 말에 몸짓과 소리로 반응한다. '고양이 집사'라는 유행어는 인간이 소통의 주인이 아니라 고양이가 소통의 주인이고 인간이 고양이를 따라가는 듯한 인상을 준다.

공기처럼 자연스럽고 당연한 언어도, 우리가 그것이 무엇인지를 질문하는 순간 우리를 어려움에 빠뜨린다. 동물에게도 언어가 있지 않느냐는 상기의 질문과 함께 우리는 언어의 두 층위를 가정할 수 있다. 하나는 몸짓으로서의 언어이고 다른 하나는 인간의 고유한 언어다. 인간의 언어에 반응하는 동물의 방식, 그리고 이에 대해 인간이 반응하는 방식은 바로 몸짓이다. 인간과 동물은 몸짓으로 교감하고 소통한다. 하지만 언어가 포함하는 범위나 언어가 지시하는 내용은 몸짓보다 크고 다양하다. 언어는 몸짓이고 음성이기도 하지만, 기호이고 제도이기도 하다. 몸짓과 음성은 언어의 생명적·개인적 속성을 강조하고, 기호와 제도는 언어의 소통적·사회적 측면을 강조한다. 또한 몸짓과 음성은 몸의 능력과 관련되고 기호와 제도는 정신의 능력과 관련되기 때문에, 우리는 전자에서 언어의 자연적 측면을, 후자에서 언어의 문화적 측면을 읽어낼 수 있다. 이처럼 언어는 복합적이며, 심지어 상반된 면을 동시에 지니고 있다. 따라서 숨쉬듯 말하는 인간에게도 언어는 불투명하고 수수께끼 같은 대상으로 남아 있다.

자신을 죽이라는 문자가 적힌 편지를 그 내용을 알지 못한 채 실어 날랐던 벨레로폰처럼, 우리는 말과 글을 열심히 실어 나르면서도 그 진정한 의미를 알지 못할지도 모른다. 하지만 언어의 존재 자체와 언어의 진정한 의미를 해명하려는 수많은 학자들의 노력이 있었다. 이 책은 그런 수수께끼 같은 언어에 대한 몇몇 중요한 사상가들의 성찰과 그들이 전하는 메시지들로 채워질 것이다. 이 책의 목적은 언어에 관한 학술적 이론을 전개하는 것이 아니기 때문에 그들의 사상 가운데 언어에 대한 상상력을 살찌울 수 있는 내용들 위주로 풀어나가게 될 것이다.

　　말에 대한 이 작은 책은 크게 세 부분으로 나뉜다. 첫 번째 장에서는 언어의 기원이나 본질, 인간의 무의식 안에 깃든 언어의 측면을 다룰 것이다. 이는 언어 그 자체에 대한 질문에서 나온 대답들이라고 할 수 있다. 두 번째 장에서는 실제적이고 실천적인 말을 다룰 것이다. 언어를 가진다는 것은 세계를 가진다는 것이고 세계 속에서 타인과 함께 산다는 것이다. 언어를 발화하고 듣는 가운데 개입하는 것은 세계에 참여하고 타인과 관계를 맺는 발화 주체의 고유한 몸이다. 이 장에서는 그러한 세계나 타인과의 관계가 제대로 작동하지 않는 예외적인 상황들을 경유해서 말이 갖는 실제적 함의를 찾아볼 것이다. 세 번째 장에서는 언어의 예술적 측면을 중점적으로 다룰 것이다. 언어는 비록 자의적이고 추상적인 기호이지만 언어를 사용하는 인간의 몸은 감각들을 부여받고 세계를 체험한다. 따라서 감각적 체험은 당연히 언어에 녹아들어 있을 것이다. 만일 언어가 힘을 갖는다면 그 언어를 경험하는 사람의 몸에 변화를 일으키고, 아울러 그런 몸의 변화에 따라오는 정신에 변화를 일으킬 수 있을 터, 이 장에서는 그런 언어는 어떤 종류의 것일 수 있는지를 알아볼 것이다.

①

언어에 대한 성찰들

필요의 말, 정념의 말, 논리의 말

몸짓과 음성언어

프랑스 철학자 모리스 메를로퐁티는 주요 저서인 《지각의 현상학》에서 "노래하듯이 말한다"고 쓴다. 이 문장을 비유나 은유로 읽어서는 안 된다. 이 철학자는 말하는 주체와 노래하는 주체가 같다고, 또는 말의 바탕에 노래가 깔려 있다고 말하려는 것이다. 몸의 철학자로 알려진 메를로퐁티는 의지적이건 무의지적이건 우리의 행동은 언제나 몸이 주체가 되어 일어난다고 주장하며, 이러한 몸의 의식을 육화된 의식이라고 명명한다. 몸을 가지고 있는 한 내 안에는 한결같은 주체성이 있다는 것이다. 이 주체성은 낱말도, 낱말의 의미도 의지적으로 구성하지 않는다. 이 주체성은 노래하듯이 말하는데, 세계 속에서 살아 있는 몸을 즐기고 있기 때문이다. 그는 자기가 거주하는 세계 속에서, 타인들과의 교류 속에서 낱말이 탄생하고 낱말의 의미가 생겨나는 것을 즐긴다. 노래하듯이 말하기 위해서는 두 가지 조건이 필요하다. 세계에 거주하면서 타인과 교류하는 몸을 지녀야 하고, 즐거운 감정을 가져야 한다.

그런데 메를로퐁티보다 앞서 노래와 언어가 같은 뿌리에서 나왔으며 유사하다고 주장했던 철학자가 있다. 바로 루소다. 그는 논란을 불러일으켰던 책인 《언어의 기원》

에서 언어와 음악을 연결시킨다. 루소는 인간의 음성언어 안에 담긴 어조에 주목하면서 어조는 음악의 소리와 다르지 않다고 생각했다. 《언어의 기원》은 총 20장으로 구성되어 있으며, 전반부에서는 언어를, 후반부에서는 음악을 다루고 있다. 루소가 이 책을 쓰게 된 계기 가운데 하나는 작곡가 라모의 비판*이었고, 《언어의 기원》은 비판에 대한 일종의 답변서였다. 그는 언어와 음악에 관해 몇 개의 장에서 서술하면서 그 둘의 유사성을 여러 번 지적한다. 또한 언어와 음악을 이해할 때 인위적이고 분석적인 성질보다 감각적이고 정념적인 성질을 우선시하는 게 바람직하다고 주장한다.

루소는 인간이 지닌 5가지 감각 중에 가장 중요한 감각은 시각과 청각이라고 하며, 이 두 감각에 기초해서 인간의 언어를 몸짓(동작)과 음성언어로 나눈다. 즉 인간은 몸짓이나 음성언어로 소통한다는 것이다. 이 두 가지 소통 방식은 의지하는 감각에 따라 방법과 내용에 차이가 있다. 시각에 기초한 몸짓의 소통 방법은 '보여주기'이고, 청각에 기초한 음성언어의 소통 방법은 '말하기'다. 몸짓을 사용해서 소통하는 예로서, 배가 고플 때 먹는 시늉을 하고

---

*   라모는 바로크 음악의 작곡가로, 18세기에 출간된 《백과전서 Encyclopédie》에 루소가 쓴 '음악' 항목에 대해 비판했다.

목이 마를 때 마시는 시늉을 하는 경우가 있다. 이때 우리는 원하는 바를 몸짓으로 보여줌으로써 소통한다. 배고픔과 목마름은 생존에 필요한, 원초적인 최초의 욕구다. 루소는 몸짓의 방식은 이런 종류의 욕구를 전달하기에 적합하다고 말한다. 그리하여 몸짓에 의한 소통은 인간적이기보다는 동물적이고, 문화적이기보다는 자연적이다. 반대로 음성언어는 정념을 전달하기에 적합하다. 루소는 인간에게서 최초의 몸짓을 출현시킨 것은 자연에서 살아가는 인간의 생존 욕구였으며, 최초의 목소리가 터져나오게 만든 것은 사회에서 살아가는 인간의 정념이었다고 말한다.

정념은 언제 생겨날까? 나를 기쁘거나 슬프거나 화나게 하거나, 내가 사랑하거나 미워하게 만드는 무언가를 경험할 때 내 안에 정념이 발생할 것이다. 그리고 그런 정념의 대상은 나와 유사한 종족들, 즉 타자들일 것이다. 이러한 타자의 등장을 이야기하기 위해 루소는 기억할 수 없는 머나먼 인류의 역사를 상상한다. 루소가 그리는 언어의 기원으로 들어가 보자.

말을 하고 공동체를 이루기 전에 인간은 고립 상태에서 살고 있었다. 고립 상태에 있는 인간에게는 생존이 무엇보다 중요했고, 생존을 위해 필요한 것들을 갖춰야 했다. 이를 위해서는 몸짓이면 충분했기 때문에 인간에게 말은 필수적이지 않았다. 하지만 이러한 몸짓을 언어라고 보기는 어렵다. 언어의 본질이 사람들을 모이게 하고 소통하게 하는 것이라면, 몸짓은 필요를 충족시키는 기능만 할 뿐 사람과 사람을 연결하고 소통하게 만드는 기능은 갖지 않기 때문이다. 생존 욕구, 물질적 욕구는 오히려 인간을 서로 멀어지게 한다. 욕구만으로 살아가는 인간들은 가까이 있을 때보다 멀리 떨어져 있을 때 더 평온하다. 따라서 욕구가 지배하는 인간은 고립과 분산 상태로 살아간다.

그런데 인간에게는 생존 욕구, 물질적 욕구 외에 다른 욕구가 있다. 만일 인간에게 생존 욕구만 있다면 동물과 다를 바 없을 것이며 우리가 알고 있는 인간이라고 할 수 없다. 이 다른 욕구는 정신적·심적 욕구이며, 정념에서 생겨난다. 구체적으로는 동정의 욕구, 사랑의 욕구, 분노의 욕구 등이 있다. 이러한 욕구들의 원천인 정념은 인간으로 하여금 점차 생존 욕구로부터 벗어나게 하며, 서로 가까워지고 관계를 맺게끔 한다. 이때 인간의 진정한 말이 출현한다. 인간에게 최초의 목소리, 음성을 토해내게 했던 것은 배고픔도, 목마름도 아니었다. 그것은 사랑, 증오, 동정, 분노와 같은 정념이었다. 인간 고유의, 최초 언어인 음성언어는 욕구의 몸짓처럼 단순한 것이 아니라 정념적이었고, 따라서 음악적이었다.

루소는 몸짓을 생존 욕구와 연결시키고 인간의 음성언어를 정념과 연결시켰다. 하지만 몸짓과 음성언어는 칼로 자르듯이 나뉠 수 있는 것이 아니다. 우리 말에도 물질적 욕구를 표현하는 말들이 있다. 한국의 경상도 남자와 결혼한 부인은 하루 종일 남편에게서 듣는 말이 고작 "밥 먹자"와 "자자"라는 말이 있다. 단적인 식욕, 수면욕, 성욕과 같은 욕구만을 표시하는 말들이 남편에게서 듣는 말의 전부라는 것이다. 이들 부부의 관계가 단순한 욕구 충족의 관계일 수는 없을 것이다. 이 우스운 일화는 궁극적으로 경상도 남자들이 감정이나 정념을 표현하는 데 얼마나 서툰지를, 루소식으로 말하자면 인간 고유의 언어인 정념의 언어를 구사하는 데 얼마나 서툰지를 암시한다.

언어의 의미는 비유에서 시작되었다

　　정념이 인간의 고유한 언어를 촉발시켰다는 루소의 주장은 언어학이 발달한 지금 근거 없는 추측이나 순전한 상상으로 보일 수 있다. 루소뿐만 아니라 언어의 기원에 대한 다양한 주장이 있었는데, 1866년 파리의 언어학회는 근거 없는 수많은 주장과 억측을 불식시키고자 언어의 기원에 대해서는 더 이상 논의하지 말자는 결정을 내렸고, 이후 언어의 기원에 대한 일체의 논의가 금기시되었다. 사실상 언어를 탄생시킨 시초 인류에 대한 기록이 남아 있지 않는 한, 언어의 기원에 대한 모든 주장은 그저 추측과 추정에 불과할 것이다. 루소가 언어의 기원에 대한 주장을 펼친 것은 파리 학회의 결정이 내려지기 한참 전이지만, 그가 언어의 기원에 대한 기록이 없다는 사실을 몰랐을 리 없다. 다만 루소는 언어의 기원을 추정함으로써 자연·감각·감정의 가치를 복원하려 했던 것이다.

　　루소는 먼저 미개인과 수렵인과 농사꾼을 구분한 후, 미개인의 언어에서 의미가 형성되는 과정을 추적한다. 미개인과 수렵인과 농사꾼이라는 세 집단은 인류 역사의 발달 단계를 반영한 구분으로, 미개인의 언어는 인간의 발달 단계에서 가장 원초적 수준의 언어로 간주할 수 있다. 루소는 미개인에게서 고유하게 인간적인 언어와 언어의 의미발생을 발견할 수 있다고 믿으면서, 최초의 의미는 비유적으로 형성되었으리라고 추측한다. 예를 들어 만나는 사람이 가족뿐인 한 미개인이 있다. 그런데 어느 날 덩치가 큰 낯선 이가 그의 앞에 나타난다. 미개인은 처음 보는 낯선 사람을 보고 깜짝 놀라며 "거인!" 하고 외친다. 낯선 이가 실제로 거인일 리가 없다. 다만 미개인은 공포의 정념을 "거인"이라는 발화로 표현한 것이다. 위협적으로 덩치가 큰 사람을 마주한 공포와 그 앞에서 느끼는 위축감이 미개인으로 하여금 낯선 대상을 "거인"이라고 부르게 한 것이다. 이렇듯 정념으로 인해 만들어지는 이미지가 대상에 대한 최초의 경험을 구성하듯이, 루소는 경험에서 저절로 튀어나온 언어가 최초의 언어를 구성했다고 보는 것이다.

서양의 백인을 처음 접한 원주민들이 그를 '신'으로 취급했다거나 거꾸로 원주민을 처음 접한 백인들이 그들을 '동물'로 취급했다고 전해지는데, 이러한 에피소드는 대상을 처음 명명할 때 정념이 작동한다는 것을 증명한다. 합리적이고 이성적인 판단을 내리기 전에 정념이 말에 먼저 침투하는 것이다. 루소는 정념이 동기가 되어 최초의 언어가 만들어졌듯이, 어떤 대상이 가질 수 있는 최초의 의미는 정념이 깃든 비유적 의미라고 생각했다.

고립에서 공동체로, 그리고 사회로

인간은 언제까지나 고립되어 살아갈 수는 없었다. 만일 그랬다면 인간은 진작에 멸종했을 것이다. 미개인들은 어떤 목적이나 형태를 지닌 공동체나 사회를 이루지는 않았지만 무리를 지어 살았다. 자연에 먹을 것과 마실 것이 풍족했다면 그들은 굳이 사회를 이룰 필요 없이 고립된 상태로도 평온하게 살았을 것이다. 하지만 자연은 그런 풍족함을 주지 않았고 그들에게는 안전하게 물을 마실 수 있는 공동의 장소가 필요했다. 건조한 곳에서는 수로를 끌어오기 위해 미개인들은 어쩔 수 없이 협력해야 했으며, 공동으로 사용하는 우물이 만들어졌다. 이후 이 우물을 둘러싸고 수많은 언쟁과 협약이 이루어졌다. 루소는 우물이 고립되어 살아가던 인간과 가족 들이 만나 최초의 유대관계가 형성된 곳이자 남녀가 처음으로 만나게 되는 장소라고 설명한다.* 우리 역사에도 종종 우물이 등장한다. 태조 왕건이 버들 낭자에게 이파리를 띄운 물바가지를 받고 사랑을 싹틔운 장소가 우물가였다. 이처럼 우물은 다양한 정념들과 인간의 음성언어들이 생겨나는 곳이었다.

그러나 공동체를 묶는 최초의 고리인 정념이 깃든 음성언어는 공동체의 규모가 커지고 다른 공동체와 교류하게 되자 한계에 부딪혔다. 특히 공동체 간 상업이 발생했을 때 정념의 음성언어는 오히려 방해가 되었다. 정념적 특성은 음성언어를 가변적이고 주관적인 것으로 만들었는데, 상업 사회는 불변적이고 보편적인 언어를 요구하기 때문이다. 공동체 사이의 상업적 교류로 서로 다른 음성언어들을 표기해서 정확하게 소통해야 할 필요성이 생긴 것이다. 그렇게 문자언어가 출현한다. 상업적 교류 장소에서 통용되는 화폐처럼 문자는 다양한 음성언어들을 표기할 수 있어야 했고, 그러려면 정확하고 엄밀해야 했다. 문자언어가 지닌 정확성과 엄밀성은 감성이나 감정보다는 이성을 불러내

---

* 장 자크 루소, 《언어의 기원》, 한문희 옮김, 한국문화사, 2013, 79쪽 참조.

었고, 생각을 전달하는 데 적합한 언어가 되었다. 주관적인 정념에서 벗어나 보편적인 화폐처럼 시공간에 따라 변하지 않는 언어인 문자언어가 보편적인 생각을 주장하고 전달할 수 있는 언어로 자리 잡게 된 것이다. 루소에 따르면 합리성의 언어는 상업 사회의 문자언어에서 기원한 것이다.

논리학은 문자언어가 성립시킨 최고의 산물이다. 구체적 대상에 대한 직접적 사유가 아니라 개념과 개념의 관계, 또는 새로운 개념이 기존 개념과의 관계성 속에서 정립되는 사유 방식이 성찰이라면, 논리학은 그러한 성찰에 형식적 틀을 마련해준다. 이때 개념들에는 정서적 가치가 제거되어 있다. 문자언어가 발달할수록 언어는 효율적이되고 정교해졌지만, 정념과 생명력을 잃어갔다. 라틴어가 지배하던 시기에 프랑스어를 정착시키기 위한 데카르트의 노력을 계승하여 생겨난 학술회 팔레로와이알Palais Royal은 프랑스어 문법을 체계화하기 위해 노력했는데, 루소는 인위적으로 언어에 손을 대는 그런 행위들은 언어가 지닌 자연적 생명력을 앗아갈 뿐이라고 비판했다.

남방 언어와 북방 언어, 시와 음악

프랑스의 대학에서 철학을 공부하고 있을 때 동생이 찾아온 적이 있다. 그때 동생이 프랑스어의 발음은 자연스럽지 않고 억지스러운 발성처럼 들린다고 말해서 함께 웃었던 적이 있다. 가령 프랑스어의 'r'은 목 깊은 곳을 울리며 발음해야 하기 때문에 익숙하지 않은 사람에게는 발음하기도 어렵거니와 듣기에 부자연스럽다는 인상을 받는다. 어째서 프랑스인들은 한국인인 우리에게 이상하게 들리는 음을 모국어로 발음하게 된 것일까? 좀 더 질문을 발전시켜보자. 어째서 이 지역의 사람들은 다른 음가가 아닌 이 음가를 모국어로 사용하게 되었을까?

지금은 각 지역의 음운들을 연구하는 지역언어학areal linguistics이라는 학문분과가 있지만, 언어학이 정립되기 전에 루소는 자기만의 방식으로 남방 언어와 북방 언어를 나누면서 민족지학ethnography*적 요소를 언어의 기원 탐구 속으로 끌어들인다. 그는 《언어의 기원》에서 남방 언어와 북방 언어에 한 장씩을 할애하면서 언어의 지역적 특징을 분석한다. 우선 남방과 북방의 차이는 기후와 풍토에서 나타난다. 남방은 북방에 비해 먹을 것이 풍부하고 기후는 온화해 생활이 어렵지 않다. 반면에 먹을 것이 부족하고 기후가 혹독한 북방에서는 무엇보다 생존이 우선이었을 것이다. 루소는 이러한 차이가 각 지역의 음성언어

---

* 현지 조사에 근거를 두고 여러 민족의 생활 양식과 사회조직을 기술하는 학문이다.

에 영향을 주었다고 생각한다. 생존이 절실한 북방 민족의 언어에서는 정념이 아닌 필요가 지배적이었다. 루소는 필요의 언어는 모음보다는 자음이, 선적인 운율보다는 단절과 분절의 형식이 강조되었을 것이라고 말한다. 필요한 것을 분명하게 전달하려면 명확하고 분절된 언어가 적합하다. 북방 언어에서는 사람들이 무언가를 느끼게 하는 것이 중요한 게 아니라, 모든 것이 들리도록, 그것도 명료하게 들리도록 하는 게 중요했다. 반대로 풍요로운 환경의 남방 민족의 언어에서는 필요가 아닌 정념이 지배적이었으며, 따라서 자음보다는 모음이, 분절보다는 운율이 언어에 더 많이 반영되었다고 보았다.*

　　루소가 은유적으로 든 표현의 두 사례는 흥미롭다. 그는 북방 언어에서는 "도와주세요Aidez-moi"라는 낱말을, 남방 언어에서는 "사랑해주세요Aimez-moi"라는 낱말을 더 많이 쓸 것이라고 추측한다. 음성적으로 프랑스어의 "도와주세요"와 "사랑해주세요"는 중간의 파열음 'd(ㄷ)'과 유성음 'm(ㅁ)'의 차이를 제외하고는 같다. 이 파열음과 유성음이 주는 인상의 차이는 크다. 파열음은 거친 자

---

* 　　루소의 이러한 구분은 모든 언어가 뒤섞이고 영향을 주고받은 현대에 와서는 사실이 아니라고 밝혀졌지만, 루소의 주장에서 중요한 것은 사실 여부가 아니기 때문에 그의 주장 전부가 폐기되어야 하는 것은 아니다.

연과 대결하면서 살아가는 북방 민족의 강인하고 무뚝뚝한 성질을, 유성음은 풍요로운 자연과 함께 살아가는 남방 민족의 부드럽고 낭만적인 성질을 대변하는 것처럼 들린다. 앞서 루소가 문자언어가 출현하기 전의 음성언어에 대해, 음성언어의 동기가 되었던 정념을 강조했다고 적었다. 따라서 루소가 북방 언어와 남방 언어를 음성적 특징으로 구분할 때 그는 은연중에 남방 언어를 선호하고 있었다. 그는 북방 언어에 남아 있는 필요의 흔적을 발견하고 본연의 언어에 미치지 못한 언어라고 판단했다.

그런 점에서 루소에게 시는 산문보다 우월한 형태의 문학이다. 시나 음악은 정념에 의해 만들어졌기 때문이다. 음악을 이루는 요소들인 멜로디, 조성, 리듬 가운데 그는 멜로디가 가장 중요하다고 보았고, 음성언어의 음조가 멜로디와 마찬가지로 정념을 표현한다고 보았다. 사실상 최초의 음악에는 멜로디밖에 없었다. 한국의 옛 어머니들이 부르는 타령을 떠올려보자. 사설을 담고 있는 타령은 그 곡조가 우리의 마음을 울린다. 루소는 최초의 음성언어가 정념에 의해 형성되었듯이 최초의 음악에는 멜로디만 있었다고 생각했다. 그 뒤 강세와 분절이 개입하면서 음악은 복합적이 되었고, 언어에서 문법이 점차 중요해졌듯이 음악에서도 조성과 화음 등 수학적 비례와 비율이 중요해졌다.

루소의 《언어의 기원》은 사실을 확인해주거나 언어

에 대한 절대적 진리를 제시하는 책은 아니다. 그렇다면 오늘날의 우리에게 이 책을 읽는 것은 어떤 의미일까? 프랑스의 철학자 자크 데리다는 《언어의 기원》에서 음성언어에 대한 일종의 신화를 확인한다. 알 수 없는 우리 자신의 기원에 대한 추측, 이러한 추측과 추리를 통해서 최초의 언어의 동기가 무엇이었는지를 확인해보는 과정은 우리가 지금 사용하는 언어의 본질적인 성격을 성찰하거나 잃어버린 측면을 반성할 수 있게 해 준다. 인간 언어의 핵심이 정념에 있었다고 보았던 루소는 무엇보다 문자언어와 합리적 이성, 철학과 정치가 발달하면서 인간이 잃어버린 생동감과 활기로 채워진 음성언어를 그리워했다.

지금 우리의 사정은 어떤가? 정보통신기술과 인공지능의 발달과 함께 디지털 방식으로 조합된 음성이 아날로그 음성을 대체하면서 우리의 일상에 침투해 있다. 운전하는 동안 길을 안내해주고 그날의 뉴스와 날씨를 들려주며 때로는 텍스트를 읽어주기까지 한다. 심지어 인공지능이 기사는 물론 소설과 시까지 써내는 시대이다. 아직 완벽하지는 않지만 인간이 주체가 되어 말을 하거나 문장을 만들지 않아도 인공지능이 그 일을 대신 수행하는 시대가 오고 있는 것이다. 그때가 되면 문자언어 안에 조용히 깃들어 있었던 음성언어가, 문자언어 안에 미약하게나마 뛰고 있던 활기와 생명력이 없어질지도 모른다. 루소에 따르면 언어를 탄생시켰던 인간의 정념과 생명력은 이제 기계의 언어들에 의해 사라질 위기에 놓여 있다. 그때 문학이 할 일은 무엇이고 우리의 감정들이 할 일은 무엇일까?

아기에게 말은 어떻게 도래할까?

언어의 환경

부모는 아기가 첫발을 떼는 순간만큼이나 첫말을 떼는 순간 감격한다. 아기가 첫발을 떼는 순간이 사족보행하는 동물성의 상태에서 이족보행하는 직립 인간으로의 이행을 가리킨다면, 첫말을 떼는 순간은 먹고 마시는 입의 본능적 기능에서 말하는 입의 문화적 기능으로의 이행을 가리키는 것이 아닐까? 루소는 독창적 상상력으로 언어의 기원이라는 거창한 주제를 거침없이 다뤘다. 그런데 언어의 기원 못지않게 아기의 첫말이 어떻게 시작되는지는 난제 중의 난제다. 게다가 언제 어떻게 첫말을 입 밖으로 꺼내게 되었는지를 기억할 수 있는 사람은 없을 것이다. 의식하지 못하면서 행하는 것이거나 자기의식이 생겨나기 전에 행해진 것을 우리는 무의식의 영역에 포함시키는바, 첫말은 그런 종류의 행위라고 할 수 있다. 따라서 아기의 첫말이 어떻게, 어떤 과정에 의해 생겨나는지를 무의식을 분석하는 정신분석 이론의 도움을 받아 알아보려고 한다.

　　프랑스의 정신분석가 자크 라캉은 난해한 이론을 펼치면서 독자를 미궁에 빠뜨리는 사람으로 유명하다. 일부 학자들은 라캉이 난해한 이론을 전개하는 이유를 독자가 지식의 확립에 만족하지 않고 주체로서의 욕망을 포기하지 않도록 하기 위한 것이라고 주장한다. 그러나 이는 라캉의 욕망 이론에 충실한 연구자의 개인적인 추측일 뿐 난해함은 라캉의 이론에의 접근과 이해에 큰 장애물이다. 그럼에도 라캉의 정신분석 이론은 오랜 세월 주목받아왔는데, 정신분석 이론임에도 임상이라는 기술적 측면에 한정되지 않으면서 무의식에 관한 철학적 내용을 끌어들이기 때문이다. 자신을 프로이트주의자라고 표명하는 라캉은 프로이트의 무의식 개념을 확장하고 재구성하며, 특히 무의식 형성에서 말과 언어의 기능을 강조한다.

　　이제 말과 언어에 얽힌 아기의 작은 역사를 생각해보자. 임신 소식을 듣고 기쁜 부부는 출산을 기다리면서 아기에게 태명을 준다. 부부는 아기가 별 탈 없이 세상에 나오기를 바라는 마음에서, 또한 그들에게 아기가 갖는 의미를 생각하면서 태명을 지을 것이다. 남이 지어주는 별명처럼 태명은 부부가 아기를 부르고 아기와 대화하기 위한 이름이다. 아기는 태명과 함께 부부의 삶 속으로 들어온다. 열 달이 지나고 아기가 태어날 즈음 아기의 진짜 이름이 결정된다. 이제 아기는 태명 대신 고유명을 얻게 된다. 그럼으로써 아기는 인간 사회에서 한 자리를 얻는바, 아기에게 부여된 이름은 출생신고서를 넘어선 사회적 의미를 갖는다. 아기는 언어를 사용하는 가족과 사회로, 자신이 선택하지 않은 이름을 부여받으면서 들어오게 되는 것이다. 인간이 사회에서 살아가려면 이름이 필수적이다. 이름을 갖지 못한 사람은 사회 바깥에서 소외된 채로 살아갈 수밖에 없다. 그래서 죽은 사람에게도 이름을 새겨넣은 비석이 필요한 것이다. 비록 그의 육신은 자연으로 돌아갔지만 망자의 이름은 비석에 새겨져 유지된다.

독일의 철학자 한나 아렌트는 제2차 세계대전 동안 희생당한 이름 없는 병사들을 기념하기 위한 묘비를 제작하는 일의 중요성에 대해 언급한다. 무명의 전사자들은 묘비에 새겨진 기록을 통해 역사 속으로 들어간다.

라캉은 이러한 언어의 세계, 더 정확히는 기표記標의 세계를 상징계라고 부른다. 그는 상징계 안에서 한 인간이 주체로 거듭나며, 상징계가 주체의 무의식 구조를 이루고 있다고 말한다. 상징계는 아기가 태어나기 전부터 존재하며, 탄생 후 아기가 피할 수 없는 환경을 이루는 것이다. 아기의 입장에서 그런 상징계로 진입하는 것이 쉽고 자연스러운 일은 아니다. 아기는 '어머니'와 '아버지'라는 타자를 대상으로 삼는 관계와 함께 언어의 세계로 들어간다.

아기의 두 타자

아기가 거울에 비친 자신의 이미지 앞에서 즐거워하고 자신의 이미지와 함께 유희하는 모습을 종종 볼 수 있다. 이것을 그저 놀이의 한 방식이라고 지나쳐버릴 수도 있다. 하지만 거울에 비친 자신의 이미지를 처음 경험한 아기만이 아니라 현대인들도 셀카 놀이를 몰두한다. 그로부터 우리는 거울 이미지가 인간에게 큰 의미가 있음을 짐작할 수 있다. 그렇다면 거울의 이미지와 벌이는 최초의 유희는 아기에게 어떤 의미를 갖는 것일까?

라캉은 《세미나》 1권에서 자아ego는 상상적 구성물이며, 이러한 자아는 무의식의 주체와 구별되어야 한다고 말한다. 사실상 우리는 자아가 주체와 다른 건지, 다르다면 어떤 차이가 있는지를 분명하게 알지 못한다. "나는 사유한다. 그러므로 나는 존재한다"라고 언명한 데카르트의 '나'는 주체와 다르다는 말인가? 라캉은 내가 '나'라고 생각하고 상상하는 그 '나'와 '주체'가 다르며, 데카르트의 사유하는 '나' 혹은 내가 나라고 의식하는 '자기의식'은 상상적 형성물에 불과하다고 말한다. 이것이 바로 라캉이 주체와 구별한 자아다. 라캉은 이러한 상상적 자아의 초기 형태가 거울단계라고 부르는 유년의 한 시기에 만들어진다고 말한다. 거울단계를 말한 사람은 라캉이 처음이 아니다. 라캉에 앞서 프랑스의 심리학자 왈롱은 자기인지 발달

에 대한 연구에서 거울을 통한 실험을 수행했으며, 메를로
퐁티는 이 실험을 프랑스 소르본 대학의 「아이의 심리학」
강의에서 소개한다. 왈롱은 거울 실험을 통해 자신의 이미
지를 알아보지만 별다른 흥미를 보이지 않는 침팬지와 자
신의 이미지를 보고 기뻐하며 놀이하는 아이의 차이에 주
목하고, 아이는 거울에 비친 자신의 이미지를 경험하면서
최초로 자신의 통합된 신체를 인지한다는 결론을 내린다.
하지만 라캉은 거울 단계 실험의 결과로부터 자아의 형성
뿐만 아니라 이와 동시에 일어나는 좌절과 소외에 대해 이
야기한다.

거울 단계에 대해 좀 더 알아보자. 생후 6~12개월인
아기는 거울에 비친 자신의 이미지에 환호한다. 아기는 한
참 동안을 거울 앞에 머물면서 자신의 이미지를 즐기는데,
다른 동물들과 확연히 다른 태도다. 닭과 같은 조류는 거
울에 비친 자신의 이미지를 적으로 인식해 부리로 쪼아대
고, 침팬지와 같은 보다 지능이 높은 동물은 거울에 비친
이미지가 자신임을 알아보지만 금세 싫증을 내고 떠나버
린다. 오로지 인간의 아이만이 거울에 비친 자신의 이미지
를 보고 즐기며 환호한다. 이것을 라캉은 아직 자신의 신
체를 마음대로 조절할 수 없는 아기가 거울에 비친 이미
지를 통해 통합된 자신의 이미지를 경험하는 최초의 순간,
일종의 '정형외과적' 봉합에 의해 자신의 통일된 이미지를

확인하는 순간이라고 말한다. 인간 존재는 전반적으로 미성숙하게 태어나지만 시력만이 태어날 때부터 조숙하고 정교하다. 아기는 자신의 신체적 무기력을 거울에 비친 자신의 통합된 이미지로 보상받는 것이다. 라캉은 유아기의 거울단계에서 인간의 최초의 자아, 원시적 자아가 형성된다고 말한다.

그렇지만 이 시기에 인간의 자아 형성이 완료되는 것은 아니다. 만일 거울 이미지를 통해 형성된 자아가 완전하다면, 이후 인간은 더 이상 '나는 누구인가'라는 질문을 던지지 않을 것이기 때문이다. 자아의 형성(상기한 역설적 성격 때문에 라캉 연구자 로렌조 키에자는 자아의 (탈)형성이라고 보충해서 명명한다)은 인간에게 지속적으로 반복되는데, 이는 거울 이미지에 의해 형성된 최초의 자아가 완전하지 않기 때문이다. 거울에 의한 신체 이미지의 봉합은 매번 반복되어야 하는바, 거울에 비친 통합된 이미지는 아이가 있는 바로 그 자리가 아니라 타자의 자리에서 완성된 것이기 때문이다. 거울에 봉합된 완전한 이미지에 비해 실제적 신체는 여전히 무기력하다. 즉 '조각난 신체'는 거울 이미지의 통합된 신체에도 불구하고 잔존한다.

거울에 비친 자기 이미지에서 시작된 자아의 이미지(이것을 라캉은 '이상적 자아Moi idéal'라고 명명한다)는 이처럼 역설을 함축하고 있다. 그것은 언제나 타자(거울, 나

거울에 키스하는 아이 ⓒRoseoftimothywoods

아이는 자신의 이미지에 열광한다

아이는 거울에 비친 자신의 모습에 신이 나 입을 맞춘다. 이는 거울 속 자신의 이미지를 적으로 인식하거나 금방 흥미를 잃어버리는 동물들과는 다른 태도이다.

를 비추는 것)의 자리에서 형성되며, 그것은 실제의 불완전한 나에 비해 완전하다.

(이미지에 의한 정형외과적인) 통합은 결코 완전해지는 일이 없습니다. 그것은 소외적인 방식으로, 즉 자신의 것이 아닌 낯선 이미지라는 형태로 이루어지기 때문입니다.[*]

인간이 제반 대상 속에서 지각하는 온갖 형상의 원천은 그 자신의 신체 이미지입니다. 그런데 이 이미지에 대해서조차 인간은 그 형상을 자기 바깥에서만, 그리고 선취된 방식으로만 지각할 수 있을 뿐입니다.[**]

최초의 거울 이미지에서 형성된 이상적 자아는 이후 거울이 되어줄 만한 대상을 향해 투사되지만, 대상에 투사된 이상적 자아는 소외된 자아를 낳을 뿐이다. 즉 상상적이고 이상적인 자아 속에는 늘 타자가 자신이라는 착각이

---

[*] 사사키 아타루, 《야전과 영원》, 안천 옮김, 자음과 모음, 2015, 50쪽, Jacques Lacan, *Séminaire* II, 재인용, 괄호는 인용자. 라캉은 《에크리》에서 신체의 조각난 이미지로부터 정형외과적 통합이라고 명명할 수 있는 이미지의 이어붙임을 이야기하고, 이것을 가능하게 하는 거울 반사 이미지의 기능에 대해 서술한다.

[**] 사사키 아타루, 위의 책, 50쪽.

깔려 있으며, 이러한 상상적 타자 이미지에 비해 실제의
자기 자신은 점점 더 초라하게 느껴질 수밖에 없다.

　거울을 통한 자아의 형성 과정은 그보다 앞서 막 태
어난 아기가 경험하는 어머니를 고려하지 않는다면 완전
하게 설명할 수 없다. 그리고 아기의 첫말을 다루려면 아
기에게 처음 말을 들려주는 어머니의 역할을 이야기할 필
요가 있다. 어머니는 처음에 아기에게 거울처럼 작용한다.
하지만 아기에게 반사된 이미지를 보내는 거울과 다르게,
어머니-거울은 아기 자신을 비춰주면서 아기가 알아들을
수 없는 말을 한다. 말을 하는 어머니와 이를 듣는 아기는
이미지로 매개된 상상적 관계에 있으면서 어머니의 말에
의해 초기 상징적 관계에 있는 것이다. 여기서 상징적 관
계란 이미지적인 2자 관계를 넘어선, 규칙과 제도가 개입
된 관계를 말한다. 어머니의 말이 의미를 갖는 언어인 이
상 이미 상징계라고 부를 수 있는 세계의 말이다. 아기는
아직 어머니의 말을 전혀 이해할 수 없으므로 상징적 관계
로 들어선 것은 아니며, 다만 자신이 아직 속해 있지 않은
다른 어떤 세계에 있는 어머니를 감지할 수 있을 뿐이다.

　어머니 품에 안긴 아기가 음운이 분절되지 않은, 불
분명한 방식으로 옹알이를 할 때 아기는 아직 상징계에 진
입하지 못한 것이다. 아기는 상상적 단계에 머물면서 자
신을 어머니에게로 투사한다. 나는 어머니고, 어머니는 나

다. 라캉은 이 단계를 나와 타자가 분리되지 않은 신화적 단계라고 부른다. 거울에 비친 이미지에 자신을 투사하면서도 이미지의 자리가 타자의 자리이기 때문에 자아의 완전한 획득에 늘 실패할 수밖에 없는 것처럼, 어머니에게 자기를 투사하는 아기 역시 어머니가 자신은 알 수 없는 말을 할 때 실패를 경험할 수밖에 없다. 아기는 어머니와 자기를 동일시하는 것에도, 어머니가 속해 있는 언어의 세계로 진입하는 것에도 실패한다.

하지만 온전한 인간으로, 또는 사회의 일원으로 자신을 확립하려면 상상적 관계만으로는 불가능하다. 상상적 관계는 나와 이미지, 나와 어머니처럼 2자 관계일 뿐이지 않은가? 사회는 최소한 3인 이상의 관계이며, 사회에 속하려면 나 자신을 여럿 가운데 누구라고 지칭할 만한 무언가를 지녀야 한다. 그리하여 라캉은 상징계의 불가피한 개입을 강조한다. 상상계가 자아의 어렴풋한 윤곽을 타자의 자리에서 만들었다면, 상징계는 자아의 위치를 결정한다. "너는 나의 남편이다", "너는 나의 아내다", "너는 나의 제자다" 등의 말에 "그래, 이것이 나다"라고 수긍함으로써 사회에서의 위치가 결정된다. 라캉은 이것을 '상징적 법'이라고 부르는데, 이를 '언어의 법'이라고도 한다.

다시 아기와 어머니로 돌아오자. 아기로 하여금 어머니와 갖는 2자 관계에서 벗어나게 하는 것은 아기가 알아들을 수 없는 말을 어머니와 나누는 아버지다.* 아버지는 아기에게 다른 세계, 즉 상징계의 대표자처럼 보이게 된다.** 상징계의 규칙, 언어의 규칙은 사회에서 아이의 위치를 결정하고 아이가 사회에서 살아갈 수 있게 한다. 즉 아이가 자신을 여럿 가운데 하나로서 셈할 수 있게 하는 역할, 나와 너를 떠나서 나를 사회 속 하나의 위치로서 셈할 수 있게 하는 매개적 역할을 한다. 그렇게 아이는 "나의 형제는 큰형, 작은형, 그리고 나 철수야"라고 말할 수 있게 된다.

포르트-다 놀이

지금까지 인간이 태어나서 어머니와의 관계, 아버지와의 관계, 그리고 자아의 형성과 함께 어떻게 언어의 세계,

---

*   라캉은 초기의 논문 「가족 콤플렉스」에서 대타자의 법으로서의 아버지에 앞서 부성적 이마고imago에 대해 서술한다. 프로이트에게서 빌려온 이 개념에서 아버지는 어머니 타자와는 다른 기능을 갖는데, 어머니 타자가 아기가 자신을 투사projection하는 동일시 관계에 있다면, 부성적 이마고는 아기에게 외부의 이미지를 내사introjection하는 동일시 관계에 있다. 전자에서 형성되는 것이 이상적 자아이고, 후자에서 형성되는 것이 '자아 이상'이다.

**   우리는 종종 정신분석에서 말하는 아버지, 어머니를 실제의 아버지, 어머니와 혼동하는 경우가 있는데, 상징적 법의 대표자로서의 아버지, 상상적 타자로서의 어머니는 상상적·상징적 구조를 떠받치고 작동시키는 요소일 뿐 실제의 아버지, 어머니와는 구별해야 한다.

상징계로 진입하는지에 대한 큰 그림을 그려보았다. 하지만 언어기호는 언어가 지시하는 개념이나 대상과 아무런 유사성이 없는 자의성과 추상성을 가진다. 아이가 언어기호만이 지닌 자의성과 추상성을 이해하기 위해서는 사고의 비약이 필요해 보인다. 예를 들어 '나무'라는 기호는 실제 나무와 전혀 유사하지 않다. 기호와 지시대상 간의 무無관계성, 기호의 자의성에 관해서는 구조주의 언어학의 창시자인 소쉬르가 이미 지적한 바 있다. 하지만 그런 자의적 기호가 어떻게 인간에게서 생겨났는지를 우리는 알 수 없다.

프로이트는 「쾌락원칙을 넘어서」에서 이에 대한 중요한 힌트를 주고 있으며, 라캉은 그것을 인간 언어의 근본적 틀로 다시 구성했다. 프로이트의 힌트란 바로 아이의 '포르트-다fort-da' 놀이다.

프로이트는 엄마가 일하러 나간 뒤 혼자 남은 아이가 실타래를 가지고 노는 장면을 유심히 관찰한다. 아이는 실타래를 던져 시야에서 사라지게 한 뒤 '포르트fort'(없다)를 외치고, 그런 다음 다시 실타래를 잡아당겨 나타나게 한 뒤 '다da'(있다)를 외친다. 아이가 놀이를 반복하는 것을 관찰한 프로이트는 아이의 '없다'와 '있다'가 어머니의 부재와 현전을 상징하고 있다는 것을 알아차린다. 어머니와 떨어져 혼자 남겨진 아이는 분명히 크게 좌절했을 터, 아이는 그런 어머니의 부재를 현전과 부재를 상징하는 무

의미한 기표 놀이로 극복하려는 것이다. 포르트-다 놀이
는 아이가 엄마와의 상상적인 2자 관계로부터 벗어나 언
어의 세계, 상징계로 진입하는 최초의 과정을 담고 있다.
아이는 자신의 일부와도 같던 어머니의 상실이라는 엄청
난 좌절, 불쾌를 기표 놀이를 통해 상쇄시키고 있다. 라캉
에 따르면 이렇게 상징계로 진입한 아이는 욕망의 주체로
거듭나게 된다. 포르트-다 놀이 외에도 이와 유사한 현전
과 부재의 놀이들이 있다. 두 손 뒤로 얼굴을 감췄다가 다
시 보이는 까꿍 놀이, 숨었다 나타나기를 반복하는 숨바꼭
질 등이 그 예이다.

　　라캉은 프로이트의 포르트-다 놀이의 해석을 더 밀
고 나간다. 그는 「도둑맞은 편지」와 「사이버네틱스와 랑가
주의 본성에 관하여」라는 논문에서 포르트-다 놀이를 순
수한 기호의 놀이로 환원시킨다. 이를테면 현전(포르트)
을 '+'로, 부재(다)를 '-'로 치환하면 +-+, +++, -+-, ---,
++-, -++ 등 여러 종류의 순열을 만들어낼 수 있다. 이 순
열들은 다시 +나 - 중 한 가지 기호만으로 이루어진 순열,
+와 -기호들이 대칭적으로 조합된 순열이나 비대칭적으로
조합된 순열 등 조합 방식에 따라 또 다른 기호로 지정될 수
있다. 그리고 이렇게 지정된 기호는 다시금 조합 방식에 따
라 또 다른 기호를 낳을 수 있는바, 처음의 +와 -라는 무의
미한 기호는 무한한 종류의 조합을 낳을 수 있게 된다. 이

제 무한정한 종류의 순열로 이루어진 기호들은 애초의 '현전'과 '부재'의 상징적 의미를 완전히 벗어버리게 된다.

아이는 포르트-다 놀이를 하며 순수한 기호의 세계 속으로 첫발을 내딛는다. 라캉은 "무의식은 언어처럼 구조화되어 있다"라는 유명한 테제와 함께 인간을 주체로서 확립시키는 상징적인 법과 무의식에 대해 이야기한다. 인간은 상징계로 들어가면서 하나의 기표로서(하나의 이름으로서) 재탄생한다. 하지만 상징계의 주체는 한낱 기표일 뿐이다. 그는 기표를 얻고 상징계로 들어가는 대신, 생명력과 활력으로서의 그 자신의 소멸을 대가로 치른다.

작년에 한국에서 제작한 드라마 〈오징어 게임〉이 전 세계의 인기를 얻었다. 예상하지 못했던 세계적 인기에 많은 사람이 인기의 비결을 궁금해했다. 여러 짐작 가운데 드라마에 등장하는 한국 고유의 게임이 외국인들에게 낯설지만 흥미롭게 다가왔기 때문이라는 의견이 있었다. 서양의 광장에서 서양인들이 '무궁화꽃이 피었습니다' 놀이를 하는 광경을 보리라고는 아무도 상상하지 못했다. 그런데 〈오징어 게임〉 속 게임들의 공통적인 특징이 하나 있다. 게임의 결과가 생사를 가름한다는 것이다. 게임에서 패한다는 것은 죽는다는 것이고, 게임의 최종 승자는 게임에 져서 죽은 사람들의 몫을 전부 차지하게 된다. 게임의 승자는 목숨을 보전할 뿐만 아니라 엄청난 돈을 얻는다. 하지만 라캉이 해석하는 기표들의 유희, 기표들의 게임은 〈오징어 게임〉과는 정반대로 진행된다. 기호들의 유희에서 승리하는 자, 즉 기표의 세계인 상징적 세계로 진입하는 데 성공한 주체는 그 대가로 기표 너머의 자신의 죽음을 받아들인다.

프랑스의 철학자 미셸 푸코는 말이 사물을 죽인다고 말했다. 사물이 말로 대체될 때, 사물은 존재하지 않는다는 것이다. 사물이 언어를 매개로 인식의 대상이 되면서, 사물 그 자체(혹은 물자체)는 영원히 도달할 수 없는 곳으로 물러나 버린다.

라캉의 기표 이론

푸코가 언어가 사물을 죽인다고 말했지만, 이론상으로 그러할 뿐이며 우리는 실제로 그렇다고 믿지 않는다. 우리는 언어가 사물을 죽이기보다는 사물들의 질서와 말들의 질서 사이에 투명한 막이 있어서 사물들과 말들이 이 막을 사이에 두고 나란히 배치된다고 믿는 경향이 있다. 최초로 언어 그 자체를 연구 대상으로 삼았던 소쉬르는 발화된 말(파롤parole)을 청각 이미지image acoustique로, 말이 지시하는 사물을 개념concept으로 놓으면서 이 둘의 상호관계를 강조한다. 개념과 청각 이미지는 기호의 차원에서 각각 기의signifié(시니피에)와 기표signifiant(시니피앙)

로 치환되며, 개념과 청각 이미지처럼 기의와 기표는 상호적 또는 순환적이다. 즉 한 사람 한 사람의 파롤에서 기의가 나오고, 기의로부터 파롤이 나온다. 이러한 순환 관계가 결국 기호를 구성한다.

구조주의 언어학자인 소쉬르는 청각 이미지인 기표의 의미화는 근본적으로 기표들의 구조화 법칙, 곧 음운이나 음소 간의 차이에 의해 이루어진다고 말한다. 예를 들어 한국어 '물'과 '불' 각각의 의미는 'ㅁ'과 'ㅂ'의 차이에 의해 성립한다. 이렇듯 어떤 기표의 의미도 기표들의 구조화 법칙을 따르지 않고서는 성립할 수 없다. 다만 소쉬르는 기의에 대한 기표의 우위를 주장하지는 않는다. 오히려 소쉬르가 자신의 책에서 제시했던 예시를 보면 기의(지시 대상인 '나무')는 기표 arbor(나무)보다 위에 있으며 기표와 기의는 하나의 원으로 묶여서 함께 기호를 구성한다.

이에 반대 라캉은 기표와 기의를 분리하고, 기의에 대한 기표의 우위와 독립성을 강조한다. 라캉의 기표 이론을 설명하는 그림은 소쉬르의 그림과 달리 기표가 기의보다 위에 있고, 기표와 기의를 묶는 원이 사라졌다. 뿐만 아니라 오른쪽 그림에서 기표인 hommes(남자)와 dames(여자)의 기의인 두 화장실 문을 보면 어디에도 남자와 여자가 없다. 이는 기표와 기의 사이에 아무런 연관이 없음을 단적으로 보여준다. 라캉에게 기표는 독립적이며 어떤 대상도

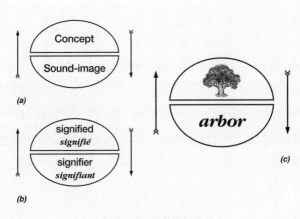

소쉬르의 기호 이론 도식

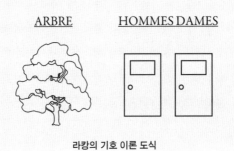

라캉의 기호 이론 도식

기표와 기의의 관계에 대한 견해들

소쉬르와 라캉은 위의 두 도식을 통해 기표와 기의에 관한 자신의 견해를 드러낸다. 소쉬르는 기의에 대한 기표의 우위를 주장하지 않으나, 라캉은 기의에 대한 기표의 우위와 독립성을 강조한다.

지시하지 않는다. 소쉬르에게서 보았던 기표와 기의의 일대일 대응은 보이지 않고 오로지 기표들의 사슬만 존재한다. 의미는 이러한 기표들의 사슬이 생산한 귀결일 뿐이다.

하지만 기표들의 사슬이 언어가 될 수 있을까? 무의미한 기표들이 조합되고 묶이는 것만으로 언어라고 할 수 있을까? 당연히 그렇지 않다. 만일 그것이 가능하다면 정신 나간 사람의 혼잣말, 즉 방언放言도 언어라고 말해야 하기 때문이다. 라캉은 기표들의 사슬이라는 첫 번째 상징적 질서 다음의 두 번째 상징적 질서의 단계를 이야기한다. 이 과정에서 라캉은 언어학자 로만 야콥슨의 환유 이론과 은유 이론을 응용해서 자신의 기표 이론으로 끌어들인다. 환유는 무한한 기표의 사슬들, 즉 한 음소가 다른 음소로 대체되거나 한 단어가 다른 단어로 대체되는 식의 무한한 대체의 과정들을 가리킨다. 환유가 그런 식으로 기표 사슬의 끝없는 열광을 가져온다면, 은유는 반대로 기표 사슬에 마침표를 찍는 방식이다. 은유는 기표를 기의에 고정시킨다. 은유의 이러한 작용을 라캉은 비유적으로 "포앵 드 카피통point de capiton"(소파의 고정 단추)이라고 부른다. 소파의 방석을 채우는 솜들이 이리저리 휩쓸릴 때 자리를 제대로 잡아주는 고정 단추가 바로 언어 세계 속 은유의 작용이다. 다만 이러한 고정점이 어떤 확실성과 근거를 가지고 언어 속에 자리잡는 것은 아니다.

내가 말하는 핀, 포앵 드 카피통은 신화적 영역에 속합니다. 하나의 의미작용을 하나의 시니피앙에 핀으로 꼽아두는 일은 누구도 결코 할 수 없기 때문입니다.*

그 근거를 세울 수 없다고 해도 고정점의 역할은 확실하다. 고정점은 언어를 보편적 체계로 확립하는 역할을 한다. 그렇지 않다면 세상에는 각자 자신의 언어를 말하는 혼돈만이 있을 것이다. 다시 한 번 "무의식은 언어처럼 구조화되어 있다"는 라캉의 테제를 떠올려보자. 라캉이 말하는 무의식은 언어를 사용하는 주체 개인에게도, 언어의 구조 속에서 살아가는 주체 일반에게도 해당될 것이다.

파롤과 랑그

소쉬르의 《일반언어학 강의》

아이를 의미하는 프랑스어는 'enfant'이고 이것은 라틴어 'infans'에서 유래했다. 그리고 이 단어는 'in-fans', 즉 말을 하지 못한다는 것을 의미한다. 따라서 말할 수 있

---

* Jacuues Lacan, *Séminaire V*, 재인용, 사사키 아타루, 《야전과 영원》, 100쪽.

는 능력의 유무가 아이와 성인을 구분하는 척도였음을 알 수 있다. 철학자, 인류학자, 심리학자 등 많은 학자가 언어의 기원, 언어의 기능, 의미론, 언어의 심리적 요인등 언어에 대해 질문하길 멈추질 않았다. 하지만 이러한 연구들은 늘 언어 주변에 머물러 있었으며, 소쉬르에 이르러 비로소 언어 자체를 대상으로 삼는 연구가 개시된다. 소쉬르는 랑그와 파롤을 나누고, 문자학과 음운학, 기표와 기의를 구분하며, 언어의 공시성과 통시성을 분명히 함으로써 언어학의 구체적인 대상들을 정초한다.

소쉬르는 책을 집필하지 않은 학자로 유명하다. 그는 스위스 쥬네브대학에서 1906년부터 3차례, 총 3년여에 걸쳐* 언어학 강의를 진행했으며, 몇 명의 제자가 나서 강의를 책으로 묶겠다고 결심한다. 하지만 제자들(샤를 바이, 알베르 세슈에)은 뜻밖의 사실을 알고 절망하는데, 소쉬르가 어떤 이유에서인지 강의 후에 강의 원고를 갈기갈기 찢어 모두 폐기했다는 것이다. 하지만 제자들은 포기하지 않고 강의에 참석했던 다른 학생들의 노트들을 참고해서 마침내 소쉬르의 《일반언어학 강의》(1916)을 펴낸다. 이 책은 언어학이 다뤄야 하는 대상들에 대한 논의, 음운론, 언

---

* 《일반언어학 강의》 편집자 서문에 소쉬르의 강의가 1906~1907년, 1908~1909년, 1910~1911년 동안 진행되었다고 적혀 있다.

어기호학, 공시언어학과 통시언어학, 지리언어학 등으로 구성되어 있다. 편집자 바이와 세슈에는 책의 목차가 소쉬르의 강의를 따르지 않고 강의 노트들을 참고해서 재구성한 것이라고 솔직하게 밝힌다. 모든 구술 언어가 그렇듯 실제 강의 노트들은 내용이 풍부했지만 그만큼 다양한 주제들이 산만하게 배열되어 있었다고 한다. 두 편집자는 노트들을 수집하고 어긋나는 부분들을 일관성 있게 수정한 뒤 전체를 체계적으로 재구성하여 책을 완성한다.

소쉬르의 언어학은 구조주의 사상을 촉발했고, 그의 구조주의 언어학은 레비스트로스의 구조주의 인류학, 라캉 정신분석의 구조적 무의식, 미셸 푸코의 에피스테메 이론 등이 나올 수 있는 인식론적 조건을 마련해주었다. 하지만 소쉬르의 업적은 다른 무엇보다 언어학의 대상을 확정했다는 점이다.

우리는 '나무'라는 단어가 어째서 실제의 나무를 지시하게 되었는지, 우리가 '나무'라고 부르는 대상을 미국인은 왜 'tree'라고 부르는지 그 이유를 알지 못한다. 다시 말해 이 대상을 이 단어와 결합시켜야 할 아무런 이유가 없다. 이것이 언어가 지닌 자의성으로, 대상과 단어 사이에 연관성을 설정할 수 없다는 것이다. 하지만 언어가 자의성으로만 이루어졌다면 사람들은 서로 이해할 수 없는 말을 각자 던지고 있었을 것이다. 언어의 자의성에도 불구하고 어쨌든 우리는 말을 하고 서로의 말을 이해한다. 이는 소통을 가능하게 하는 어떤 공통의 약속이 언어 안에 존재한다는 것을 의미한다. 언어의 소통을 가능하게 하는 공통의 약속은 또한 사회를 가능하게 하기도 하는바, 대화가 일어나는 곳에서 나 혼자만 오고가는 말들을 이해하지 못한다면 나는 그 사회 바깥에 머물러 있는 것이다.

언어를 구성하는 요소는 여럿이며, 그 요소들 하나하나가 연구 대상이 된다. 이제 소쉬르를 따라가면서 우리가 내막을 알지 못한 채 사용하는 언어의 비밀들을 알아보자.

랑그와 파롤의 구분과 특성

먼저 언어활동langage을 살펴보자. 언어활동이 없다면 우리는 언어를 탐구할 수 없을 것이다. 다시 말해 실제로 사람이 활용하고 있지 않은 언어는 언어가 아니다. 언어란 누군가 말을 하고 누군가 그 말을 듣는 것을 말한다.

말을 주고받는 두 사람 A와 B를 상상해보자. 두 사람은 입과 귀를 사용해서 말을 주고받는다. 청취된 말은 무의미한 소음이 아니며 개념을 표현하고 있다. 그래서 둘 사이에 소통이 일어날 수 있는 것이다. 개념 혹은 표상을 표현하는 소리의 단위를 소쉬르는 청각 이미지라고 부른다. 두 사람의 대화는 물리적 과정, 생리적 과정, 정신적 과정으로 나눌 수 있다. 물리적 과정은 단순한 소리의 진동을, 생리적 과정은 청취와 발성을, 정신적 과정은 뇌의 연합중추에 전달된 청각 이미지와 개념의 결합을 가리킨다.

이번엔 서로 말하고 청취하는 두 사람을 상상해보자. 두 사람이 언어활동을 하고 있다면 각자 개념과 청각 이미지 사이의 순환적 과정을 동시에 경험하고 있다는 것이다. 그런데 개념과 청각 이미지는 어떤 정신적 과정을 거쳐서 결합되는 것일까? 대화하는 두 사람이 동일한 단어나 문장을 같은 개념이나 의미로서 이해할 수 있게 만드는 것은 무엇일까?

각자가 하는 말은 개인적이지만 대화가 이루어지려면 이 개인적·주관적 활동은 사회적인 바탕 또는 배경 위에서 일어나야 한다. 언어활동은 실제의 발화와 청취라는 주관적 활동이 없이는 성립이 불가능하고 소통을 가능하게 하는 사회적 유대도 필요하다. 그리하여 소쉬르는 주관적이고 개인적 측면인 '파롤parole'과 사회적 측면인 '랑그langue'로 언어활동을 구분한다.

> 랑그는 파롤의 실행에 의해 동일한 공동체에 속하는 주체들 안에 놓이게 된 보물이며, 각자의 뇌 안에, 더 정확히 말해서 개인들 전체의 뇌들 안에 잠재적으로 실존하는 문법 체계이다.[*]

[*]   Ferdinand de Saussure, *Cours de linguistique générale*, payot, 1971, p. 31.

세계에는 사회집단의 수만큼 다양한 랑그가 있다. 한 사람이 어떤 사회에 속해 있다는 말은 그가 그 사회의 랑그를 이해하고 말할 수 있다는 뜻이다. 한국어, 영어, 프랑스어, 일본어 등 각각의 랑그가 하나의 국가 또는 민족을 이루고 있다는 사실은 랑그가 사회적이고 집단적인 것임을 증명한다. 랑그는 개인을 넘어 존재면서 개인을 사회와 묶어주는 것이다.

소쉬르는 랑그의 특징 4가지를 설명한다. 첫째, 랑그는 공동체적인 것이고 언어활동의 사회적 측면이다. 랑그는 공동체 성원들 사이에서 이루어지는 일종의 계약에 의해 성립되며, 따라서 개인은 랑그를 창조할 수도 없고 변화시킬 수도 없다. 개인이 언어의 기능을 알려면 그러한 랑그를 습득해야만 한다. 둘째, 랑그는 개인적 언어활동인 파롤과 구별되며 따로 떼어서 연구될 수 있는 대상이다. 파롤과 무관하기 때문에 랑그는 심지어 사람들이 현재 사용하지 않는 언어일지라도 충분히 연구될 수 있다. 가령 라틴어는 현재 사용되지 않지만 연구되고 있다. 이러한 랑그를 탐구하는 과학은 언어활동 시 개입되는 역사적·지역적 요소와 같은 랑그 외적인 요소들과 섞이지 말아야 한다. 셋째, 랑그는 기호의 체계이며 이 기호를 이루는 두 부분, 즉 기표와 기의는 모두 정신적 산물이다. 따라서 경험으로서 언어활동은 다양하고 이질적일 수 있지만 랑그는

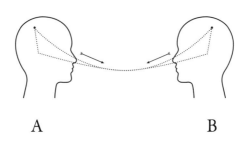

청취   발성

c:개념
i:청각 이미지

발성   청취

두 사람의 대화가 이루어지는 과정

말하는 사람과 듣는 사람은 서로 입장을 바꿔가면서 대화를 나눈다. 이들을 연결하는 것은 음성언어와 청각 이미지이다. 소쉬르의 《일반언어학 강의》에 수록된 위의 도식을 보면 발성phonation은 청취audition로 이어지고, 청각 이미지image acoustique와 개념concept이 대화자의 머릿 속에서 교환된다. 이 과정은 발화자와 청취자 양쪽에서 동일하게 일어난다.

동질적이다. 넷째, 랑그는 정신적이지만 추상적인 것은 아니다. 랑그는 구체적이다. 랑그를 구성하는 것은 집단의 동의에 의한 말들의 연합들인데, 그것들은 이미 사람들의 뇌 속에 실제 현상으로서 존재하기 때문이다.*

하지만 랑그와 파롤이 각기 다른 연구 대상으로 취급될지라도 그 둘은 긴밀히 연결되어 있다. 예컨대 개인들의 파롤의 실행이 없다면 랑그는 성립할 수 없으며,** 랑그는 파롤의 실행을 뒷받침한다. 다만 랑그와 파롤의 차이는 랑그는 개인의 파롤을 곧바로 사회적 현상으로, 말하는 개인을 말하는 대중으로 만든다는 점이다. 랑그는 정신적인 것이면서 사회적인 것이고, 파롤은 정신적인 것이면서 물질적인 것이다. 이렇듯 랑그의 시작이자 근본이 파롤이었다면, 이제 사람들은 파롤을 넘어 더 확고한 기호체계를 세우기 위해서 문자체계를 만들게 된다.*** 종종 우리는 랑그의 집단성·보편성 때문에 랑그와 문자체계를 동일하게

---

* 페르디낭 드 소쉬르, 《일반언어학 강의》, 최승언 옮김, 민음사, 1990, 22쪽 참조.

** 프랑스의 현상학자 메를로퐁티는 언어행위의 중요성을 더 강조하면서, 언어는 둘 이상의 사람이 모였을 때 상호주관적 관계에 의해 창설institution되는 것이라고 주장한다.

*** 랑그langue는 프랑스어로 '언어'라는 뜻도 있지만 '혀'라는 뜻도 있다. 이는 랑그의 기원이자 근본이 음성언어임을 알려준다.

보는 경향이 있다. 엄밀히 말하면 랑그는 파롤을 기초해서 세워지고 파롤이 없다면 성립이 불가능한 언어체계이며, 이러한 랑그에서 한 측면만을 강조해서 성립시킨 것이 문자체계이다. 소쉬르는 언어의 실체는 청각 이미지와 의미로 이루어진 랑그만으로도 충분하다고 보며, 문자체계는 또 다른 필요성에 의해 생겨난 추후의 산물이라고 본다.

소쉬르는 랑그와 문자체계를 구별해야 한다고 말한다. 사람들이 보통 발음된 낱말과 써진 낱말이 동등하게 언어적 본체를 구성한다고 착각한다. 소쉬르는 이러한 통념이 잘못되었다고 생각한다. 발음된 낱말만으로도 언어의 본체를 구성할 수 있으며, 써진 낱말의 유일한 존재 이유는 발음된 낱말을 표기하는 것이다.

그런데 문자가 만들어진 뒤 문자체계가 음성기호가 지녔던 중심 역할을 가져가고 사람들은 음성기호의 표기를 음성기호 자체보다 더 중요시하게 된다. 문자가 음성기호보다 더 강력한 힘을 가지게 된 것이다. 소쉬르는 1차적 언어기호를 청각 이미지로 삼았기 때문에, 문자가 1차적 언어기호의 자리를 갖게 된 것을 안타깝게 생각한다.* 이처럼 문자가 인간의 언어활동을 지배하게 되면서 낳는 결

---

* 소쉬르는 음성기호의 표기를 기호 자체만큼, 또는 그 이상으로 중요시하는 것을 어떤 사람을 알기 위해 실물보다 사진을 보는 편이 낫다고 생각하는 것과 같다고 말했다.

과들을 소쉬르는 네 가지 현상으로 정리한다.

첫째, 문자로 써진 이미지는 청각 이미지와 다르게 견고하며, 세월의 흐름을 이겨내는 영구성을 지닌다는 이유로 언어의 통일성을 이루는데 더 적절하다는 인상을 준다. 둘째, 대부분의 사람들은 청각적인 감각 인상보다 시각적인 감각 인상이 더 명료하다고 생각하기 때문에, 후자의 감각 인상에 더 집착한다. 그리하여 문자로 써진 이미지가 음성을 물리치고 그 자리를 꿰찬다. 셋째, 문자로 써진 이미지는 문자체계의 중요성을 증가시키고, 이어서 문자들 자체의 문법, 문자언어의 사전이 생겨난다. 이에 익숙해진 사람들은 쓰는 것을 배우기 전에 말하는 것을 배운다는 사실을 점차 잊는다. 넷째, 언어와 철자법 사이의 갈등이 일어날 때 사람들은 써진 언어, 즉 문자어형에 준거하는 해결책을 채택하는데, 이러한 해결책이 가장 쉽기 때문이다.[*]

통신기술이 발달하면서 현대인은 전화를 통한 직접 소통보다 문자나 SNS를 이용한 간접 소통을 선호하게 되었다. 간접 소통을 선호하게 된 데에는 기술 발달만이 아닌 다른 이유들, 특히 심리적 이유가 있겠지만, 결국 사람들이 문자언어를 음성언어처럼 사용하게 되는 결과를 낳

[*]   페르디낭 드 소쉬르, 앞의 책, 35~36쪽 참조.

왔다. 그렇지만 문자는 음성과 같지 않으며, 결코 음성이 될 수 없다. 무엇보다 문자언어에는 음성언어의 고유한 물질성과 시간성이 빠져 있다. 문자언어의 시각적 이미지는 고정적이고 영원하며, 음성언어의 청각적 이미지는 선적이고 시간적이다. 인간의 삶과 밀접하게 결합되어 있는 것은 문자언어보다는 음성언어인데, 이는 인간의 삶이 음성언어와 마찬가지로 시간적이기 때문이다. 인간의 삶이 변화와 부침을 겪듯이 음성언어도 그럴 수밖에 없다.

정재은 감독의 영화 〈고양이를 부탁해〉(2001)는 친했던 여고 동창생들이 사회에 나와서 겪는 생활과 우정을 그리고 있다. 개봉한 지 꽤 오래된 이 영화에서 특이했던 것은 친구들이 서로의 안부를 묻거나 소통할 때 주로 문자 메시지를 사용한다는 점이었다.

영화에서도 나타나듯이 문자메시지를 통한 소통은 언제나 한발 늦게 도달한다. 이는 문자언어가 음성언어가 지닌 삶의 시간성을 갖지 못하기 때문이다.

언어기호

개념과 청각 이미지의 결합이 언어기호signe를 만든다. 기호의 층위에서 개념은 기의가 되고 청각 이미지는 기표가 된다. 앞에서 우리는 랑그가 사회적인 것임을 알았다. 이제 기의와 기표의 결합(개념과 청각 이미지의 결합)이 어떻게 일어나는지, 언어기호의 형성에 대해 질문할 차례가 되었다. 소쉬르는 기표와 기의의 결합에 대해 한마디로 "자의적"이라고 말한다. 나아가 그는 기표와 기의가 언어기호를 구성하므로 언어기호 자체가 자의적이라고 답한다. 한 개념과 한 단어를 연결시키는 것은 순전히 자의적 선택이라는 것이다. 앞 장의 그림에서도 보았듯 개념과 청각 이미지, 기의와 기표는 순환적이지만 둘 사이에는 아무런 유사성이 없다. 어떤 기호가 어떤 기의와 만나는 것에는 아무런 이유가 없다는 것이다.

언어기호가 무엇인지를 탐구하기 전에, 일종의 사회적 기호들이라고 할 수 있는 사회적 규범에 대해 알아보자. 보통 한 사회의 규범은 집단적 습관으로부터 만들어지며, 형식적인 제도나 예법으로 정착된다. 예컨대 동양인은 고개를 숙이며 예를 표하고, 서양인은 뺨을 부비거나 악수를 하면서 인사를 나눈다. 이러한 습관이 언제 어디서 시작되었고 어떤 이유에서 만들어졌는지는 아무도 알 수 없다. 그저 우연히 만들어진 뒤 집단적으로 수용되고 유지되어 규범화되었다고 말할 수밖에 없다.

기호학은 규범화된 생활 양식 모두를 넓은 의미에서 기호로 바라보는데, 이런 기호들을 사용하도록 강제하는 것은 규칙 자체이지 기호 안에 포함된 감각적·지각적·물

영화 〈고양이를 부탁해〉 중에서

한발 늦게 도착하는 소통, 문자메시지

영화 〈고양이를 부탁해〉에 나오는 인물들은 고등학교 시절 가까운 사이였다가 각자 사회로 나와 생활하면서 조금씩 멀어진다. 고등학생 때는 함께 모여 편하게 이야기를 나눴다면 이후 그들은 문자메시지로 소통한다. 그러나 문자메시지는 음성언어의 시간성을 지니지 못한다.

질적 가치가 아니다. 때로는 오로지 규칙에 의존하는 자의적 기호가 더 널리 보급되기 때문에 기호로서의 가치를 더 잘 실현하는 것처럼 보인다. 언어기호는 어떤 사회적 제도나 규범의 기호보다도 자의적인데, 그 수단(음성, 소리)이 목적(소통)과 아무런 자연적 관계를 갖지 않기 때문이다. 예컨대 고통에 못 이겨 나오는 신음소리나 깜짝 놀라서 내지르는 고함 소리의 의미는 단번에 이해되며, 이런 소리들은 자연적이라고 할 수 있다. 그렇지만 이러한 소리들을 언어 기호라고 보기는 힘들다. 반면에 예법, 의복, 제도 등은 자의적이라고 할지라도 어느 정도 수단과 목적의 자연적 관계에 의존하고 있다. 고개를 숙이면서 시선을 내리거나, 악수나 뺨 인사를 통한 피부 접촉으로 자신이 공격적이지 않음을 서로에게 보이는 방식, 기후에 따른 의복 양식 등은 이 제도들이 전적으로 자의적인 것은 아님을 보여준다. 반면에 소리의 분절, 단어들의 연결 등 언어의 규칙은 기의나 의미와 아무런 연관이 없다.

소쉬르는 기호의 완전한 자의성이야말로 역설적으로 언어를 변경하려는 인간의 시도로부터 언어가 스스로를 지킬 수 있게 한다고 말한다. 규칙이 우리와 같은 누군가에 의해 정해진 것이라면, 또는 규칙을 그렇게 이해하고 있다면, 우리들 중 반항적인 인간은 그러한 규칙을 따르지 않으려 할 것이다. 하지만 언어 기호의 경우 이에 관한 규칙을 누가 정했는지 알 수 없다. 그것은 전적으로 임의적으로 만들어졌기 때문이다. 이러한 자의성과 규칙의 특성이 개인의 어떤 이유 있는 시도도 언어를 변화시키지 못하게 하며 언어를 안정적으로 지속시킨다. 하지만 언어가 지속적이라는 말은 언어가 불변한다는 의미는 아니다. 언어는 인간의 삶이 그렇듯 변화한다. 다만 언어는 스스로 변화한다. 언어의 변화는 규범이나 규칙 내부에서 일어나는 변화이지 외부적 요인에 의한 것이 아니다.

처음부터 소쉬르는 말하는 대중이 없다면 랑그가 성립할 수 없다고 말했다. 따라서 언어에 있어서의 변화, 언어 내부적인 변화는 말하는 대중이 갖는 잠재적인 사회적 힘이 시간이 지나면서 서서히 작용한 결과라고 말할 수 있다. 말하는 대중과 시간이 결합해서 언어 규범이나 규칙 내부에서 변화를 야기하는 것이다.

소쉬르는 말하는 대중의 힘이 시간 속에서 가시화되는 것이 바로 언어에서의 변화라고 주장한다. 말하는 대중 없이 고독한 한 명의 개인만이 있다고 가정한다면, 그의 언어는 아무런 변질을 겪지 않을 것이다. 이때의 언어에는 시간이 작용하지 않는다. 반대로 시간의 흐름이 없고 말하는 대중만이 있다고 가정한다면, 마찬가지로 말하는 대중은 언어에 아무런 영향을 미치지 못할 것이다. 결국 말하는 대중이 갖는 힘의 효과(결과)는 시간을 통해서 언어에 반영된다. 하지만 그러한 언어는 또한 대중의 언어, 집단적 언어이기 때문에 다시금 지속성의 원칙을 따를 수밖에 없다. 지속성이 없다면 인간은 안정적으로 언어를 사용할 수 없고 서로 소통할 수 없기 때문이다. 결국 언어의 지속성은 대중 속에서의 시간의 작용으로 인해 필연적으로 변질을 겪을 수밖에 없지만 이것은 랑그라는 큰 틀 안에서의 크고 작은 (기표와 기의의) 관계의 변화에 불과하다.

요약해보자. 언어기호의 자의성은 랑그의 집단적(사회적) 규범화를 확고하게 만들고, 대중의 집단적 힘은 시간을 이용함으로써 언어에 변화를 가져온다. 그래서 우리는 언어기호의 불변성과 가변성을 동시에 이야기할 수 있는 것이다. 언어기호의 두 본질적 특성은 언어 연구의 두 분과를 성립시킨다. 바로 불변성에 바탕을 둔 공시태적 연구와 가변성에 바탕을 둔 통시태적 연구다.

언어 가치

낱말이 동일성을 갖지 않는다면 우리는 여러 다른 의미로 낱말을 사용하게 되어 소통이 불가능할 것이다. 낱말 단위의 동일성은 소통의 필요충분조건이다. 그리고 언어의 동일성을 전제로 언어의 공시태적 연구가 이루어질 수 있다. 그런데 앞서 강조했듯이 언어의 기본적 요소는 청각

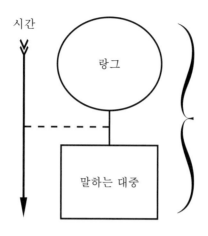

시간의 흐름에 따라 변화하는 랑그

위의 도식에서 수직으로 그어진 화살표는 시간의 흐름을 나타내고, 우측에 그려진 '랑그'와 '말하는 대중'은 선으로 연결되어 상호작용한다는 것을 나타내고 있다. 집단적 규칙인 랑그는 말하는 대중의 역동성과 상호작용하면서 시간의 흐름과 함께 변화한다.

이미지이며 이것이 갖는 물질성을 무시할 수는 없다. 그리하여 소쉬르는 언어활동의 메커니즘이 동일성과 상이성에 의해 움직인다고 말하며, 이때 동일성과 상이성은 서로 대칭물일 뿐이고 동일성의 문제가 있는 곳에서 상이성의 문제가 따라나온다고 덧붙인다. 소쉬르가 말하는 언어기호의 동일성과 상이성의 대칭성에 대해서 좀 더 알아보자. 언어기호를 떠나서 소쉬르가 드는 비유적인 사례가 이해를 도와줄 것이다.

가령 우리는 24시간 간격을 두고 출발하는 '제네바발 파리행 저녁 8시 45분 급행열차' 두 대의 동일성에 대해 말한다. 우리에게 그것은 동일한 급행열차로 여겨지지만, 기관차, 객차들, 승무원들 등은 모두 십중팔구 다르다. 또는 한 거리가 파괴된 후에 재건된다면, 물질적으로 옛 거리에서 남아 있는 것이 단 하나도 없는데도 우리는 그것을 동일한 거리라고 이야기한다. 거리는 어떻게 계속해서 동일하게 있는 상태에서 철저하게 재건될 수 있을까? 이는 거리가 이루는 실체가 순전히 물질적인 것은 아니기 때문이다. 거리는 그러한 우연적인 물질과는 이질적인 어떤 조건들, 예를 들어 다른 거리들의 상황에 상대적인 상황 위에 바탕을 두고 있다. 마찬가지로 급행열차를 이루는 것은 그것을 다른 급행열차들과 구분 짓는 모든 정황들 일반, 이를테면 열차의 출발시간, 운행노선이다. 동일한 조건들이 실현될 때마다 우리는 동일한 실체들을 얻는다. 그렇지만 이러한 실체들은 추상적이지 않다. 거리나 급행열차는 물질적 실현이 없이 생각될 수 없기 때문이다.[*]

제네바발 파리행 저녁 8시 45분 급행열차 2대는 열차 안을 채우고 있는 물질적 요소들이 상이함에도 불구하고 동일한 것으로 인지된다. 마찬가지로 완전히 밀어버리고 재건한 거리도 비록 물질적으로는 상이할지언정 이전의 거리와 동일한 장소다. 그렇지만 이러한 동일성이 순수하게 형식적이거나 추상적인 동일성은 아닌데, 우리는 제네바발 파리행 저녁 8시 45분 열차를 보거나, 거리를 보고 그것이 동일하다고 인지하기 때문이다. 즉 소쉬르가 적었듯이 언어기호의 동일성은 물질적 실현 없이는 생각할 수 없다. 그러므로 여기서 우리는 '동일성을 구성하는 물질성(동일한 것을 동일한 것으로 인지할 수 있게 만드는 물질적 동일성)'을 '감각적 물질성'과 구별할 수 있다. 즉 동일성을 구성하는 물질성은 대체가능한 물질성이다.

이는 장기판의 말이 플라스틱으로 만들어졌건 나무

[*]   Ferdinand de Saussure, 앞의 책, p. 176.

로 만들어졌건 상관없이, 즉 물질적으로 상이하더라도 동일한 의미를 가지는 것과 같다고 말할 수 있다. 장기판의 말을 언어의 물질적 동일성과 비교할 때, 또 한 가지 중요한 사실은 각각의 말은 다른 말과의 차이에 의해 동일성을 보장받는다는 것이다. 장기판의 말 하나가 깨졌거나 분실되었다면 우리는 같은 자격을 가진 다른 물건으로 그것을 대체할 수 있다. 예컨대 놀이 중 기사를 지시하는 말 하나를 잃어버렸다면 우리는 그것만 새로 사거나, 임의로 어떤 물건을 사용하면서 "이것을 잃어버린 기사"라고 하자고 놀이 상대와 약속할 것이다. 이는 그것의 물질적·가변적 가치보다 게임의 룰(언어 규칙) 안에서 그것이 갖는 상대적 가치가 우선이기 때문이다.

다시 언어기호로 돌아와 보자. 언어기호의 동일성과 가치는 어떻게 만들어지는가? 비유적 사례를 떠나서 언어기호 자체에 집중해 보자.

소쉬르는 언어기호를, 정확히는 청각 이미지를 사상 idea과 소리 사이에 위치시킨다. 언어기호가 있기 전에는 사상과 소리만이 있다. 이 둘은 모두 분절되지 않은 덩어리다. 사상은 비물질적이고 모호하며 형태를 갖지 않는다. 소리도 마찬가지로 형태가 없는 물질일 뿐이다. 누구나 적절한 말을 찾지 못한 채 혼란에 빠지거나, 무의미한 외침이나 이해할 수 없는 동물의 울음소리 등을 듣고 두려움을 느껴본 적이 있을 것이다. 이는 모두 언어기호가 부재하는 상태에서 사상이나 소리 중 하나만 존재하는 경우다.

언어기호는 형태가 없는 그러한 비물질적·물질적 덩어리 사이에서 구성된다. 언어기호가 만들어지는 방식은 동일한 단위들을 산출하는 식이다. 소쉬르는 언어기호의 생성을 말하기 위해 다시금 비유를 사용한다. "수면과 접촉하고 있는 공기를 떠올려 보자. 대기 압력이 변할 때, 수면은 일련의 구분들, 다시 말해 물결들로 분해된다. 이러한 수면의 파동들이 결합의 관념을, 이를테면 사유와 음성적 물질의 결합의 관념을 우리에게 줄 수 있다."[*]

공기와 물 표면을 사용한 비유는 많은 것을 생각하게 한다. 공기가 보이지 않는 것처럼 사상은 보이지 않는다. 그런데 공기가 움직이고 물의 표면과 만나면서 물결을 이루듯이, 사상이 움직이고 소리와 만나면서 음의 파동을 만들어낸다. 사상이 음의 파동으로서 자신의 흔적을 남기는 것이다. 하지만 음의 파동이 언어기호가 되려면 한 단계 더 나아가야 한다. 음의 파동 자체는 언어기호가 될 수 없다. 언어기호가 되려면 분절된 파동의 단위가 형성되어야 한다. 이로써 우리는 사상만으로는 언어가 될 수 없다는 것을, 물질성을 포함하는 형태가 언어라는 것을 알 수 있

[*]   Ferdinand de Saussure, 앞의 책, p. 182.

고, 이때 의미의 차이는 형태의 차이와 다르지 않음을 알 수 있다. 그리하여 소쉬르는 언어기호의 동일성이 갖는 변별적 차이에 의한 가치를 다시 한 번 확인시킨다.

비물질적인 공기와 만난 수면이 물결을 만들듯이, 사상과 만난 소리가 언어의 시초가 된다. 하지만 동시에 형태 없는 사상은 사상이라고 할 수 없고 분절되지 않은 소리는 언어라고 할 수 없다. 공기의 움직임이 수면과 만났을 때 비로소 물결이라는 형태를 얻듯이, 사상은 분절된 소리와 만났을 때 비로소 하나의 개념으로 형태를 얻는다. 이는 언어 자체가 포함하는 개념과 소리는 일정한 형태를 얻은 것들임을 의미한다. 따라서 하나의 언어 기호가 갖는 개념이나 음적 재료 자체가 중요한 것이 아니라, 이 기호의 주위에 있는 다른 기호들과의 차이, 그리고 이 다른 기호들 속에 있는 개념이나 음적 재료와의 차이가 중요하다.

소쉬르는 '언어란 무엇인가?, 언어를 이루는 핵심적 요소는 무엇인가?, 언어의 기능은 무엇인가?' 등의 질문을 던지며 언어를 무대의 중심에 올려놓았다. 소쉬르의 언어 연구는 여러 의의를 가진다. 우선 언어를 부수적 현상이 아닌 중심적 현상으로 다뤘다는 것이다. 언어를 다루는 이전의 방식은 완전한 소통이 이루어질 수 있는 완벽한 언어를 어떻게 만들 것인지, 문법 체계를 어떻게 확립할 것인지에 주안점을 두었다. 언어를 오로지 도구로서, 서로 소통하고 사상을 전달하는 데 사용하는 부수적인 대상으로 다룬 것이다. 그러나 소쉬르는 언어를 그 자체로 살아 있는 것처럼 고찰한다. 이는 그가 언어에서의 핵심 현상을 청각 이미지로 보았기 때문이다. 소리와 청취는 물질성과 감각의 장 안에서 일어난다. 언어기호가 제도, 규칙, 관습 일지라도 언어는 말하고 청취하는 언어 사용자가 없다면 존재할 수 없다. 이러한 언어의 정의는 언어가 자연과 문화의 매개체라는 것을 분명하게 보여준다. 이것이 소쉬르의 언어 연구가 우리에게 주는 두 번째 의의이다. 마지막으로 디지털 기술과 인공지능의 발달과 함께 인간과 인간의 감각적 접촉이 점차 사라지는 시대에서, 소쉬르의 언어 연구는 언어가 갖는 본질적 의미를 상기시킨다. 언어를 단순히 소통의 도구로만 볼 것인가, 인간과 인간의 관계성의 근본 양식으로 볼 것인가? 이러한 고민과 함께 소쉬르의 언어 이론은 우리에게 새롭게 다가온다.

지금까지 우리는 언어 자체를 탐구의 대상으로 삼았던 루소, 라캉, 소쉬르에 대해 살펴보았다. 우리에게 언어는 단지 도구처럼, 게다가 잊히면 잊힐수록 더욱 효과적이 되는 도구처럼 경험되었다. 예컨대 대화 중 발화하는 단어 하나하나에 집중하면 전달하고자 하는 바를 제대로 전달하지 못할 것이며, 낯선 언어를 습득하는 최상의 방법은 공기를 들어마시고 내쉬듯, 걷고 달리기 위해 팔다리를 움직이듯, 가장 자연스럽고 자발적인 방식으로 그 언어를 발화하는 것이었다. 그런데 각기 다른 시대의 상기한 세 학자는 언어를 통해 전달되는 것들에 주목하는 게 아니라 언어 자체의 발생, 본성, 기능에 주목한다.

언어활동이 인간의 고유한 능력이며, 인간 사회로 진입하기 위해 소유해야만 하는 능력임은 분명이다. 인간은 사회 속에서 살아가듯이 언어 속에서 살아간다. 그런데 인간은 언어 속에서 살아가기 전에, 자신의 신체를 가지고 감각적 세계 속에서 타인과 공존하면서 살아간다는 것도 사실이다. 언어가 인간과 인간을 연결하는 차원이 있다면, 그보다 아래에서 신체와 감각이 인간과 인간의 관계를 형성하고 있다. 여기서 우리는 다음 질문을 던질 수 있다. 이 다른 차원, 즉 신체와 감각의 차원은 대화와 소통으로 인간을 서로 연결시키는 언어에 영향을 미치지 않을까? 이러한 질문들과 함께 이어지는 장들에서 언어 아래에서 언어를 떠받치는 실존적 차원에 대해 알아볼 것이다.

살아 있는 말과 세계

말하는 말과 말해진 말

현상학적인 고유한 몸

프랑스의 현상학자 메를로퐁티(1908~1961)는 고유한 몸의 철학자, 살의 철학자로 알려져 있다. 그는 에드문트 후설의 현상학에 영향을 받고 사르트르, 까뮈 등과 함께 당대의 실존주의를 이끌었던 인물이다. 프랑스 철학사에서 그의 자리는 확고했지만, 그가 세계적으로 알려지고 연구된 것은 이성중심주의를 극복하고자 하는 포스트모더니즘 사상이 대두되면서였다. 그가 사망한 시기를 고려할 때 메를로퐁티는 당연히 포스트모더니즘 철학자가 아니다. 그렇지만 그는 서양 철학에서 늘 2차적인 것으로, 또는 열등한 것으로 취급되어 왔던 주체의 몸을 강조하고, 이 몸을 둘러싸고 펼쳐지는 지각적·감각적 세계에 주목한다. 메를로퐁티를 시작으로 데카르트 이래 확고부동한 자리를 지켰던 사유하는 주체 혹은 의식적 주체는 육화된 주체 혹은 몸의 주체에게 자신의 자리를 내어주고, 이와 더불어 객관적·보편적 세계는 체험된 지각적·감각적 세계에 자리를 내어준다.

메를로퐁티가 말하는 '고유한 몸le corps propre'이란 무엇일까? 이 장에서 소개하고자 하는 실존적·현상학적 언어를 다루기 전에 메를로퐁티가 정의하는 고유한 몸에 대해 알아보자. 고유한 몸은 우선 객관적 몸과 구분된다. 객관적 몸은 과학적·생리학적 대상으로서의 몸으로, 누구의 몸이건 상관없는 비非인칭적 몸을 말한다. 가령 해부학 도판에 그려진 몸이 객관적 몸이다. 객관적 몸에는 몸의 주체가 빠져 있다. 이와 다르게, 고유한 몸은 그 몸의 주체가 단단히 결합되어 있는 몸으로서, 감각하고 지각하는 몸이자 행위와 운동에 의해 자기 주변에 의미를 갖는 세계를 펼치는 몸을 말한다. 이러한 고유한 몸의 특징은 다음과 같이 요약해볼 수 있다.

첫째, 나는 나의 몸으로부터 분리될 수 없다. 나의 몸은 늘 나를 따라다니며, 내가 마음대로 떠날 수 있는 다른 대상들과 구분된다.

첫 번째 특징으로부터 나는 나의 몸을 전부 다 볼 수 없다는 두 번째 특징이 나온다. 나는 나의 몸을 움직이면서 나의 앞에 있는 대상의 전면 후면 윗면 아랫면 등을 모두 지각할 수 있지만 정작 나 자신의 몸에 대해서는 대상을 둘러보듯 둘러볼 수 없다.

셋째, 나는 나의 몸을 매개로 세계를 경험한다. 프랑스의 근대 철학자 콩디약은 '조각상' 에피소드를 소개하면서 몸의 감각들이 세계와 만나는 순간의 경험을 상상한다. 메를로퐁티는 몸의 감각을 통해 세계를 경험하고 세계의 의미를 포착하는 순간들을 이야기한다.

넷째, 몸은 예술작품처럼 종합적이다. 만일 감각들이 몸 안에서 분리되어 작동한다면, 예를 들어 이 사과가 빨갛고 매끈하며 달콤한 맛을 지닌 동일한 것임을 나는 알지 못할 것이다. 몸은 모든 감각들이 시너지적 종합을 이룰 수 있게 만든다. 실제로 우리는 쨍그랑하는 건조한 소리를 들으면서 깨지고 있는 투명한 유리를 보고, 둔탁한 소리를 들으면서 부드러운 질감의 양탄자를 본다.

마지막으로 몸은 운동성을 지닌다. 죽은 몸이 아니라면, 살아 있는 몸은 늘 움직이고 무언가를 향하고 있다. 메를로퐁티는 이렇게 외부로 향하는 몸의 근본적 성질을 몸의 지향성이라고 부른다. 그러한 몸을 지닌 육화된 주체의 특성을 가리키기 위해서, 메를로퐁티는 데카르트의 '나는 사유한다Je pense'에 빗대어 '나는 할 수 있다Je peux'라는 정의를 내린다.

몸의 이러한 특징들로부터 나는 내가 가진 이 몸을 나의 몸이라고 말할 수 있다.

기계론적 심리학과 주지주의 심리학에서의 언어

우리는 앞에서 소쉬르가 언어기호를 사상idea과 소리 사이에서 생겨나는 분절된 음성 단위라고 정의했던 과정을 소개했다. 언어 자체가 연구 대상이 되기 전에 사람들은 언어를 기계론이나 지성주의에 의거해서 이해했다. 기계론적으로 언어를 이해하는 사람들은 뇌에 저장되어 있는 단어의 이미지들(청각 이미지들)을 우리가 필요할 때마다 꺼내어 쓴다고 생각했다. 반대로 지성주의로 언어를 이해하는 사람들은 우리에게 있는 것은 개념들이고 이 개념들을 바깥으로 표현하기 위해서 언어를 사용한다고 생각했다. 그런데 이 두 가지 언어는 사실 크게 다르지 않은데, 두 입장 모두 언어를 의미에 대해 독립적인 객관적 실체로 규정하기 때문이다. 또한 이러한 언어에는 말하는 주체, 더 정확히는 말하려는 동기를 가진 주체가 빠져 있다. 만일 언어가 인간만의 본성을 구성한다면, 그리고 인간만이 언어를 가지고 있다면 그러한 언어를 단지 뇌에 저장된 물질처럼, 개념의 무의미한 외피처럼 규정하는 것으로는 부족하지 않을까?

메를로퐁티는 인간이 언어를 "가진다"고 말하면서, '가진다'라는 단어의 의미를 새롭게 정의한다. 그는 동료 철학자인 가브리엘 마르셀의 '가지다have'와 '있다/이다 be'의 구분을 인정하면서도 이 구분을 뒤집는 새로운 정의를 시도한다. 가브리엘 마르셀은 '가지다'를 '나는 집을 가지고 있다', '나는 가족을 가지고 있다'처럼 소유 관계의 의미로 이해하고, '있다/이다'를 '나는 나의 몸이다', '나는 나의 삶이다'처럼 존재 관계의 의미로 이해한다. 이러한 구분은 사실 특별하지 않다. 그런데 메를로퐁티는 '이다'에

69

존재 관계의 의미이긴 하나 약한 존재 관계의 의미를 부여한다. 예를 들어 '이다'에는 '이 탁자가 있다', '이 탁자는 크다'처럼 존재 관계의 의미가 적용된다. 반면에 '가지다'에는 단순한 존재가 아니라 기투하는* 존재, 즉 기투 관계의 의미가 부여된다. 예를 들어 '나는 하나의 생각을 가진다j'ai une idée', '나는 두렵다j'ai peur'라고 말하면서 나를 둘러싼 세계에 일정한 의미를 기투한다. 따라서 인간이 언어를 '가진다'는 것은 발화함으로써 언어를 세계에 기투한다는 것, 자연적인 세계 위에 인간의 언어에 의한 의미 세계를 기투한다는 것이다.

언어에 대한 기계론적 이해와 지성주의적 이해는(엄밀히 말해서 기계론적 심리학과 지성주의 심리학은) 언어가 지닌 기투 관계의 의미를 놓치고 있다. 말하는 주체는 언어를 세계에 기투하며, 이때 언어는 개념의 껍데기가 아니라 그 자체로서 의미를 갖는 의미체意味體이다. 뇌에 물질처럼 저장된 언어는 의미를 갖지 않으며, 개념의 껍데기에 불과한 언어 역시 자체적인 의미를 갖지 않는다는 주장에 대해 메를로퐁티는 단어가 의미sens를 가진다는 한마디 말로 대응한다.

---

*   기투projet는 현재를 넘어서 미래로 자기 자신을 내던진다는 의미로,
      실존주의의 중요한 개념이다. 실존적 주체는 미래를 향해 자기 자신
      을 기투하면서 끊임없이 변화에 자신을 내던진다.

단어와 의미, 언어와 사유

소쉬르는 언어기호와 이것의 의미작용-signification을 언어의 한 단위로 묶었다. 메를로퐁티가 단어가 의미를 가진다고 할 때의 의미는 소쉬르가 말한 기호의 의미작용과 다르게 이해되어야 한다. 단어가 의미작용을 통해 전달되는 개념이 아니라면 단어의 의미란 뭘까? 이때의 의미는 단어가 함축하는 개념만으로는 설명될 수 없으며, 단어 자체가 가지고 있는 것을 이해해야 한다. 이를 위해서는 언어를 개념을 표현하기 위한 도구로 사용하는 성인의 언어 경험이 아니라, 언어를 처음 접하는 아이나 이방인의 경험에서 단초를 찾아야 한다. 후자의 경험에서 단어 또는 말은 무의미한 물질이 아니라 그 자체로서 의미를 지닌 것으로 나타난다.

아이는 종종 자기 앞의 대상들을 하나하나 가리키면서 그 대상의 이름을 발화한다. 마치 대상들을 명명하면서 비로소 대상을 알게 되는 것처럼 보인다. 어쩌면 아이에게 대상의 이름은 대상의 색깔이나 형태처럼 대상에 속하는 성질처럼 인식될 수 있다. 다른 경우를 생각해 보자. 해가 질 무렵 어스름한 빛 속에서 벽에 기대어 있는 물체를 바라보면서 내가 "그래, 저건 빗자루지"라고 말한다고 하자. 이때 나는 빗자루라는 단어가 함축하는 개념을 머릿속에 떠올리면서 단어를 말하고 있는 게 아니다. 나에게 불분명한 대상에게 '빗자루'라고 명명하면서 대상에 접근하고 대상을 경험한다. 우리는 대상이나 대상의 개념이 대상의 이름과 구분된다고 생각하지만, 이와 같은 경험들에서 단어는 대상과 단단히 결합하여 구분되지 않는 것처럼 보인다. 단어를 말하는 경험이 곧 대상에 대한 경험이다. 이때 대상의 이름들은 신이 대상들을 명명하는 동시에 창조하듯이 대상들이 있게 만든다.

하지만 다음과 같은 반박이 나올 수 있다. 매번 단어가 그 이름의 대상을 존재하게 하거나 대상의 존재를 확인시켜주는 것은 아니지 않은가? 우리는 단어에 대한 공통 개념 또는 공통 표상을 각자 소유하고 있기에 말을 하고 소통이 가능한 것이 아니겠는가? 이러한 반박은 다시금 단어와 개념을, 이름과 대상을 분리시키고 있다. 이때 소통의 주체들은 공통 개념과 공통 표상을 소유한 보편 주체이지 직접 말하는 주체가 아니다. 이러한 보편 주체에게는 동일한 개념을 함축하는 동일한 단어들의 세계, 공통 언어의 세계가 중요할 것이다. 그런데 공통 개념과 공통 표상이 이미 모든 주체에게 마련되어 있다면 왜 인간은 말을 할까? 그리고 단어의 의미들은 왜 변할까?

우리는 어려운 내용의 책을 읽으면서 그 책의 저자가 전달하고자 했던 내용을 완전하게 이해하지 못하면서도 저자의 고유한 글쓰기 스타일을 포착할 때가 있다. 하지만 스타일은 인상일 뿐이다. 이상한 것은 우리가 페이지 안에 나

열된 단어와 문장 들의 사전적 의미를 모두 알고 있음에도 불구하고, 내용 전체를 이해하지 못할 수 있다는 것이다. 그래서 독자는 꾀를 낸다. 이를테면 창조적으로 독서의 방식을 바꾸는 독자도 있다. 사실 독서에는 수학 공식처럼 정해진 답이 없지 않은가. 그는 자신이 포착한 스타일을 따라서, 책에 녹아 있는 철학자의 어조와 강세를 스스로 반복해보면서 그의 철학을 이해하기 시작한다. 그는 철학자의 글을 읽으며 철학자의 사유에 녹아 있는 실존의 방식에 참여하는 것이다.

회화작품이나 음악작품이 무언가를 이야기하고 전달하고 있다면, 우리는 그것을 알기 위해서 회화작품을 직접 보거나 음악작품을 직접 들어야 한다. 그렇듯 회화나 음악의 의미는 작품이 표현되는 방식 자체로 전달된다. 언어도 무언가를 표현하고 전달하는 이상 회화나 음악과 완전히 다르다고 말할 수 없다. 언어의 의미도 언어 자체를 통해 청자나 독자의 정신으로 들어온다. 이러한 의미를 메를로퐁티는 "파롤 속의 사유"라고 부르면서 파롤과 분리된 개념과의 차이를 강조한다. "그러므로 청취자 혹은 독자에게서건, 말하거나 쓰는 자에게서건 **파롤 속의 사유가 존재**"*한다.

그렇게 사유와 언어, 개념과 단어가 분리되지 않는

---

*   Maurice Merleau-Ponty, *La phénoménologie de la perception*,
     Gallimard, 1945, p. 209, 강조는 인용자.

다면 우리는 다음과 같이 말할 수도 있을 것이다. 말은 연기가 화재의 기호인 것처럼 사유의 기호인 것이 아니라, 오히려 말에 의해 사유가 완성되는 것이라고 말이다. "말이 감각적 세계 안에서 사유의 옷이 아니라 사유의 표징 emblème이나 사유의 몸이 되기 위해서, 즉 사유의 현존이 되기 위해서 단어와 말은 이런 식이건 저런 식이건 대상이나 사유를 지시하는 방식이기를 멈추어야 한다."* 단어와 말 들은 하나의 사물처럼 자체적인 힘을 갖고 의미를 표현한다. 음악에서 소나타의 소리들은 이것이 생산하는 의미와 분리될 수 없고, 회화에서 색과 형태 들은 이것이 생산하는 의미와 분리될 수 없다. "연주 동안 소리들은 단지 소나타의 기호들이 아니다. 그와 반대로 소나타는 소리들을 통해 현장에 있게 된다. 소나타는 소리들 안으로 내려온다."** 우리는 유사한 경험을 배우의 연기에서도 본다. 한 배우가 심청을 연기할 때, 이 배우는 심청을 나타내는 기호가 아니다. 여배우는 망아忘我 상태가 되어 심청 안으로 들어간다. 의미(심청)가 기호(배우)를 삼켜버린다. 그때 우리가 보는 것은 심청이 된 배우다. 특히 이러한 미학적·예술적 기호들은 그 자체의 실존 속에서, 즉 음악이라면 소리,

*   Maurice Merleau-Ponty, 앞의 책, p. 212.

**   Maurice Merleau-Ponty, 앞의 책, p. 213.

회화라면 형태와 색깔, 연극이라면 배우 속에서 기호가 본래 가지고 있는 물질적 실존 너머의 의미로 우리를 데려간다. 메를로퐁티는 말이 음성이자 표현인 이상 예술작품의 기호들과 다르지 않다고 주장한다. 말은 말 고유의 실존 방식을 통해 말을 듣는 사람들을 의미의 세계로 데려간다.

말 고유의 실존 방식은 말하는 주체 및 주체가 말하는 방식과 떨어질 수 없다. 누군가의 말을 듣거나 읽는 청자나 독자는 말하는 자나 저자의 실존을 따라가고 모방하면서 그의 세계와 소통한다. 언어를 단지 미리 확립된 사유의 기호로 간주한다면, 우리는 언어의 세계에서, 표현과 소통의 세계에서 우연한 마주침을 경험할 수 없을 것이다. 그렇지만 최초의 말이나 최초의 책이 만일 존재한다면, 이것들 역시 우연한 마주침의 결과가 아니었을까?

언어적 몸짓

고유한 몸의 특징들 가운데 하나는 몸이 운동하고 있고 무언가를 지향하고 있다는 점이다. 컵을 드는 몸의 움직임은 마실 것이 담긴 컵을 지향하고 자갈길을 걷는 몸의 움직임은 자갈로 된 길을 지향하는 등, 몸은 언제나 세계 속의 무언가를 지향하고 있으며 이때의 몸은 지향하는 대상에 적합하게 스스로 움직인다. 고유한 몸은 자신과 대상 사이의 객관적인 거리를 측정하지 않고도 곧바로 움직임을 수행한다. 가령 좁은 골목길을 통과하고자 할 때 깃털이 달린 커다란 모자를 쓴 사람과 맨머리인 사람의 움직임은 다를 것이다. 고유한 몸은 지향하는 대상에 맞춰서 움직임의 스타일을 저절로 만들어낸다.

메를로퐁티는 말이 목구멍을 울려 내는 소리인 이상 몸짓에 속한다고 말한다. 따라서 상기한 몸짓의 특징들을 말 또한 가지고 있다. 즉 말이 지향하는 대상, 곧 의미는 말의 몸짓과 스타일을 만들어낸다. 스타일처럼 몸짓은 이미 의미를 포함하고 있다. 다만 몸짓과 다르게 말은 이미 주어져 있는 재료들이 있다. 랑그에 속하는 단어들과 의미작용들이다.

언어적 몸짓은 각자에게 주어져 있지 않은 정신적 풍경을 겨냥하며, 정확히 정신적 풍경을 소통하는 기능을 가진다. 그러나 자연이 주지 않은 것, 그것을 언어 안에서는 문화가 제공한다. 사용할 수 있게 배치된 의미작용들, 다시 말해 앞선 표현 행위들은 말하는 주체들 사이에 어떤 공통의 세계를 세우며, 현행적이고 새로운 말은 몸짓이 감각적 세계를 참조하듯 그 공통의 세계를 참조한다. 말의 의미는 말이 언어의 세계를 다루는 방식, 혹은 말이 획득된 의미작용들의 건반 위에서 변주하는 방식이다. 나는 말의 의미를 외침만큼이나 짧은 분할되지

인간의 몸이 각인된 사물들

계단의 난간과 침대형 의자에는 이것을 이용하는 인간의 몸이 각인되어 있다. 즉 이것들은 인간의 몸의 지향에 맞게 설계되었다.

않은 행위 속에서 포착한다.*

보통의 몸짓과 다르게 언어적 몸짓에는 재료들이 주어져 있다. 이미 사용되고 있는 말과 의미작용들이다. 이를 랑그라고 말해도 좋을 것이다. 말하는 주체는 이 주어진 재료들을 이렇게 저렇게 배치하거나 이런저런 어조와 분절을 넣어서 의미를 전달한다. 이를 언어적 몸짓이라고 부를 수 있다. 다만 일반적인 몸짓이 대상의 지각된 의미를 전달하는 반면에, 언어적 몸짓은 정신적 풍경을 전달한다는 점이 다를 뿐이다.

외국에 가면 우리는 그곳 사람들의 생생한 말을 들으면서 그들의 환경을 간접적으로 체험한다. 아무리 우리가 외국어 단어를 암기하고 문법을 익혀서 그 언어를 어느 정도 구사한다고 해도, 그 세계에서 살아가는 사람들의 언어와 정신적 풍경을 완전히 이해하는 것은 쉬운 일이 아니다. 그래서 사람들은 모국어라는 표현을 쓰는 것이리라. 메를로퐁티는 아랍의 군인으로 참전했던 한 영국인의 이야기를 담은 소설 《지혜의 일곱 기둥》의 인상적인 한 구절을 소개한다. 소설의 화자는 아랍인으로 살고자 영국인으로서의 정체성을 완전히 버리기로 마음먹는다. 그리하여 그는 새

* Maurice Merleau-Ponty, 앞의 책, p. 217.

로운 눈으로 서양인과 서양인의 관습들을 관찰할 수 있었다. 그는 자신을 아랍인으로 정체화하기 위해 군에 입대하는데, 문제는 그 후에 일어난다. 그는 기계적으로 행군을 계속하면서 어디에도 속하지 못한 자신을 경험한다. "때때로 그러한 인격들마저 공허함 속에서 대화를 시도했다. 그때 광기가 근접해 있었다. 두 종류의 의복, 두 종류의 교육, 두 종류의 환경의 베일들을 통과하면서 동시에 우주를 볼 수 있는 모든 사람에게 광기는 근접해 있다고 나는 믿는다."[*]

한 언어의 충만한 의미는 그 언어를 쓰고 그 속에서 살아가는 사람만이 이해할 수 있으며, 한 언어와 완전히 동화되기 위해서는 그 언어가 표현하고 있는 세계를 동시에 떠맡아야 한다. 이는 우리들 대부분이 이미 구성된 언어, 즉 랑그 안에서 살고 있다는 말이다.

그렇다면 우리는 다시 몸짓으로서의 언어에서 관습과 제도로서의 언어로 돌아온 것일까? 메를로퐁티는 관습적이지 않은 몸짓은 없다고 대답한다. 그는 마르셀 모스의 '몸 테크닉' 개념을 이미 이해한 것으로 보인다. 몸은 결코 자연적이거나 기계적인 것이 아니다. 고유한 몸, 그리고 고유한 몸의 몸짓은 자연적이지 않다. 그렇다고 전적으

---

[*]   Thomas Edward Lawrence, *Les sept piliers de la sagesse*, p. 43, Maurice Merleau-Ponty, 앞의 책, 재인용, p. 219.

로 관습적이라는 것도 아니다. 감정을 표현하는 태도들을 보자. 메를로퐁티는 일본인은 분노에 휩싸일 때 옅은 미소를 짓지만 서양인은 울그락불그락 얼굴을 붉히며, 사랑에 빠졌을 때도 나라마다 표현하는 몸짓이 다르다고 말한다. 또한 탁자를 '탁자'라고 명명하는 것보다 분노할 때의 몸짓이 더 자연적인 것도 아니고 덜 관습적인 것도 아니라고 말한다. 우리가 자연적이라고 부르는 모든 것들, 심지어 부성父性조차 자연적이라고 할 수 없다.

모든 몸짓에는 언어적 몸짓만큼이나 관습적인 요소가 들어 있다. 말에서 그러한 몸짓의 의미를 완전히 배제하고 자의적인 기호와 그 개념적 의미만을 찾으려 한다면, 말이 가질 수 있는 창조성은 사라질 것이고, 그러한 말 속에서 응고된 개념만큼이나 우리의 정신도 응고될 것이다.

말하는 말과 말해진 말

색깔의 이름을 기억하지 못하는 특정 증상을 가진 실어증 환자들에 대한 관찰과 분석에서 메를로퐁티는 인간에게 파롤을 구성하는 능력, 즉 기호를 사용해서 의미화하는signifier 능력이 있다는 사실을 확인한다. 실어증 환자들은 의미를 붙잡기 위해 파롤이나 기호를 곧바로 발화하는 능력을 상실한 것이다. 즉 말을 발화하는 몸짓에는 세계에 떠도는 의미를 포착하고 소통하는 역량이 포함되어 있다. 그리고 "이러한 역량에 의해 인간은 자신의 몸과 파롤을 통해서, 새로운 행동이나 타인, 또는 자기 자신의 사유를 향해 자신을 초월한다."* 앞에서 우리는 언어를 기투의 한 방식이라고 말했다. 기투가 현재의 나에서 미래의 나로 향하는 운동을 가리킨다면, 말한다는 것도 하나의 몸짓으로서 미래를 향하는 것이라고 할 수 있다. 다만 언어적 몸짓에서 미래는 새로운 의미, 새로운 사유를 향하고 있다.

우리가 몸짓을 통해서 외부의 세계와 사물, 그리고 타인과 관계를 맺듯이 언어적 몸짓을 통해서도 마찬가지의 관계를 맺는다. 언어적 몸짓은 위의 관계에 더해서, 나 자신과도 관계를 맺을 수 있게 한다. "자신을 초월한다"는 말을 좀 더 생각해보자. 주어져 있는 내가 있다. 이 '나'는 내가 선택하지 않은 '나'이다. 그것은 본능적인 '나'일 수도, 생물학적인 '나'일 수도 있다. 어떤 점에서 '나'는 의미 있는 존재이지만 이 의미는 내가 선택하거나 내가 지향하는 의미가 아니다. 그것은 내게 먼저 주어져 있는 의미다. 그런데 그러한 '나'는 나 자신의 울타리를 나와서 바깥을 보고 바깥을 향해 움직인다. 움직인다는 것은 현재의 나에서 미래의 나를 향해 간다는 것이고, 주어져 있는 의미를

*   Maurice Merleau-Ponty, 앞의 책, p. 226.

넘어서 미래의 의미로 향한다는 것이다. 말을 한다는 것은 새로운 의미를 붙잡는다는 것이고 의미의 세계로 들어간다는 것이다. 메를로퐁티가 언어적 몸짓을 통해 나 자신의 "내적인 균열 혹은 공백"과 의미를 추구하면서 의미를 만들어내는 주체를 이야기할 때, 그는 영락없이 실존주의자의 길을 따르고 있는 것처럼 보인다.

예를 들어 다윈은 인간은 태양으로부터 눈을 보호하기 위해 눈썹을 찡그리고 선명한 시각을 얻기 위해 두 눈을 수렴시킨다고 말했는데, 이러한 행동은 이제 인간의 성찰적 행동의 구성요소가 되었고 보는 사람에게도 그것을 의미하게 되었다. 언어의 문제 역시 다르지 않다. 목구멍의 수축, 혀와 이 사이를 통과하며 소리를 내는 공기의 방출 등 우리의 몸을 연출하는 어떤 방식이 갑자기 **비유적 의미**sens figuré를 부여받게 되었으며, 우리는 이 의미를 우리 외부에서 기호로 의미화한다. 이것은 욕망 안에서의 사랑의 출현이나 생애 초기의 조정되지 않은 움직임 속에서의 몸짓의 출현만큼이나 기적적이다.[*]

사르트르는 대자對自적인 것을 의식이자 무無로, 즉

---

[*]　Maurice Merleau-Ponty, 앞의 책, p. 226, 강조는 인용자.

자郞自적인 것을 사물이자 충만한 존재로 정의했다. 메를로퐁티는 사르트르의 실존주의를 받아들이되 무와 충만한 존재의 대립이 아닌, 살아 있는 몸과 세계의 다층적 의미의 상관관계를 제시한다. 살아 있는 몸은 단단한 고체가 아니며 움직임을 통해 끊임없이 의미를 추구한다. 몸이 표현하는 모든 것들, 몸짓, 음악, 춤, 심지어 말은 아직 알려지지 않은 의미를 세계 안에서 실현하려는 몸의 지향들이 구체화된 것이다. 응고된 고체에서 유동적인 액체로, 끓는점에 다다른 액체 안에서의 공백이 기화되는 순간의 비유를 통해 우리는 몸에서 발화하는 몸의 움직임으로, 발화로부터 비가시적인 의미작용의 탄생까지의 경로를 그릴 수 있다.

> 말의 지향은 오로지 열린 경험에서만 발견될 수 있다. 파롤의 지향은 액체의 끓음처럼, 존재의 두께 안에서 비어 있는 지대들이 구성되어 바깥으로 이동할 때 나타난다. 인간이 그 자신이나 유사한 자들과 살아 있는 관계를 확립하기 위해 언어를 사용하게 되자마자, 언어는 더 이상 도구도 수단도 아니며, 어떤 표명이, 내밀한 존재의 드러냄이자 우리를 세계나 우리와 유사한 자들과 결합시키는 심리적 연결의 계시가 된다.[*]

[*]   Maurice Merleau-Ponty, 앞의 책, p. 226.

이제 '말하는 말parole parlante'와 '말해진 말parole parlée'이 어떻게 다른지를 이야기할 수 있게 되었다. 메를로퐁티는 몸짓의 의미를 포함하는 말과 관습적이고 제도화된 말을 각각 '말하는 말'과 '말해진 말'로 다시 쓰고 있다. 우리가 알고 있었던 말은 후자의 말이었으며, 이러한 말만을 말이라고 알고 있었다. 메를로퐁티는 몸짓으로서의 말을 통해 보다 근본적이고 원초적인 말을 되찾고 있다. 이 말은 새로운 의미를 지향하면서 창조적인 몸짓과 말 들을 자신의 몸으로부터 끌어내는 말이다. 그렇지만 메를로퐁티는 이 두 가지 말을 분리하지 않는다. 말해진 말은 오랜 시간 동안 사용되면서 그 의미가 침전된 언어들이다. 말하는 말은 침전된 말들, 관습적이 된 말들을 재료로 삼아 새로운 배치와 구성을 창조하고 새로운 의미를 세상에 내놓는다.

그 유명한 구분을 다시 가져오면서, 우리는 언어들이, 다시 말해 구성된 어휘와 통사의 체계들과 경험적으로 실존하는 표현 수단들이 말의 행위들의 저장소이고 침전이라고 말할 수 있다. 그 안에서 정형화되지 않은 의미가 외부로 자신을 옮길 수 있는 수단을 발견할 뿐만 아니라 자기 자신을 위한 실존을 얻고 의미로서 진정 창조되는 것이다. 더 정확히 우리는 말하는 말과 말해진

말을 구분할 것이다. 전자는 의미작용적 지향이 탄생하고 있는 상태에서 발견되는 말이다.[*]

어린아이의 첫말, 작가의 말, 시인의 말, 기원에 있는 말, 무엇을 말해야 할지 모르는 상태에서 불쑥 튀어나오는 말, 노래하듯이 말하는 말 등에서 침전되어 정착된 의미작용들은 중요하지 않다. 중요한 문제는 주어진 의미작용과 단어 들을 어떻게 구성하고 발화함으로써 그 생생한 의미가 전달될 수 있게 하는 것이다.

말을 잃어버린 여자아이

목소리를 잃어버린 여자아이

드라마에는 주요 인물이 어떤 사건으로 인해 큰 충격을 받아 말을 할 수 없게 되는 장면이 종종 나온다. 작중 인물이 갑작스러운 실어증에 걸리는 순간은 드라마의 긴장이 가장 고조될 때이며, 보통 인물이 말을 되찾게 되면서 드라마의 긴장과 갈등은 해소된다. 어떻게 평생 사용하던 말을 한순간에 잃어버릴 수 있을까? 드라마 시청자들은

[*]   Maurice Merleau-Ponty, 앞의 책, p. 226.

틀림없이 문제의 인물이 말을 하지 못하는 게 아니라 자의로 말을 하지 않는 게 아닌지 의심할 것이다. 반면에 인물의 실어증을 믿는다면, 그만큼 인물이 받은 충격이 강력했다는 것을 의미하며, 말을 되찾는다는 것은 그러한 충격의 고통에서 비로소 벗어났음을 의미할 것이다.

　　말을 잃어버리는 증상인 실어증은 심리학·언어학·철학 모두에서 관심을 갖는 현상이다. 말이나 목소리를 잃어버린 인물의 상태가 문제가 된다면 그것은 심리학의 연구 대상이 된다. 한편 잃어버린 말의 양상이 무엇인지, 다시 말해 단어를 떠올릴 수 있는 상기의 능력을 잃어버린 것인지 문장을 구성하는 능력을 잃어버린 것인지가 문제가 된다면, 그것은 언어학의 연구 대상이 된다. 마지막으로 '말'이 갖는 철학적 함의를 문제 삼는다면, 그것은 철학의 연구 대상이 된다. 어쨌건 우리는 정상 상태일 때에는 모르고 있던 것에 문제가 발생할 때에야 그것의 고유한 가치를 알게 된다.

　　몸의 철학자 메를로퐁티는 우리의 몸과 관련된 것들의 상실이 실존의 방식에 어떤 변화를 가져오는지를 탐구했다. 우리의 몸이 이런저런 식으로 변모한다는 것은 곧 그의 실존이 변화한다는 것을 함축한다. 메를로퐁티는 여러 실증적 사례를 관찰하고 실존적 해석을 시도한다. 그 가운데에는 환상지幻像肢, 불인지증, 기억상실, 실어증, 실성증* 등이 있다. 환상지는 사고 또는 수술에 의해 잃어버린 팔이나 다리가 실존한다고 믿으며 팔과 다리의 존재를 느끼고 행동하는 것이며, 불인지증은 현존하지만 마비된 팔이나 다리가 부재한다고 믿으면서 그것들을 낯설고 이상한 물체처럼 취급하는 것이다. 얼핏 보기에 둘은 정반대의 현상이지만 모두 자신의 몸에 대한 인지에 이상을 일으키는 것들로서 심리학뿐만 아니라 신경학에서도 관심을 갖는 증상이다. 팔과 다리는 몸의 일부로서 존재가 당연시되는 것들이기 때문에, 팔이나 다리의 상실은 쉽게 받아들일 수 없다. 기억과 목소리도 마찬가지다. 세상에 태어나서 살아가는 동안 쌓인 기억이나 소통을 위해 활용하는 목소리도 항상 우리의 존재와 함께하는 것들이기 때문이다. 그렇기 때문에 팔과 다리 같은 몸의 일부, 기억이나 목소리 같은 우리 존재의 일부를 상실하는 것은 평소 인지하지 못했던 그것들의 고유한 기능을 드러내 보여준다.

이제 "말을 잃어버린 여자아이"에 관한 메를로퐁티의 해석을 살펴보자. 《지각의 현상학》에 소개된 이 에피소드는 메를로퐁티가 심리학자 루트비히 빈스방거의 임상 사례로부터 빌려온 것이다. 그는 이 에피소드에 실존론적

---

*   실어증은 단어의 상실이나 문장 구성 능력의 상실을, 실성증은 말을 할 수 없게 되는 증상, 목소리를 잃어버리는 증상을 가리킨다.

몸의 해석을 추가해서 서술한다.

어머니에게 사랑하는 남자를 만나는 것을 금지당한 소녀는 처음에는 잠과 식욕을 잃어버렸고 결국 말까지 잃어버렸다. 그녀를 치료했던 의사는 그녀가 유아기에 동일한 증상을 앓았고 그 원인이 당시 발생한 지진으로 인한 극도의 공포였다는 것을 알게 된다. 유아기 시절의 공포와 어머니의 금지 사이에 어떤 공통점이 있기에 말을 잃어버리는 증상을 야기했던 것일까? 공포는 사람을 얼어붙게 만든다고 한다. 얼어붙는다는 것은 경직된다는 것이고, 경직된다는 것은 더 이상 미래로 향하거나 타인과의 관계로 들어갈 수 없다는 것이다. 메를로퐁티는 소녀의 유아기 시절 지진으로 인한 공포 혹은 불안이 실성증으로 표현된 것은 "죽음의 임박이 공존coexistence을 폭력적으로 중단시켰고 환자를 그녀의 사적 운명으로 환원"*시켰기 때문이라고 말한다.

식욕을 잃어버린 증상도 마찬가지로 해석될 수 있다. 식욕의 상실은 그녀가 처한 실존적 상황이 몸을 통해 표현된 것이며, 그녀가 어머니의 금지를 "삼킬 수 없게" 되었음을 의미한다. 메를로퐁티는 음식물을 더 이상 삼킬 수 없게 된 증상을 이렇게 해석한다. 삼키는 행위는 사건들이

*   Maurice Merleau-Ponty, *La phénoménologie de la perception*, Gallimard, 1945, p. 187.

소화되었으며, 따라서 사건들이 별 문제 없이 그녀의 생을 통과하도록 둔다는 것을 상징한다. 즉 삼키는 행위는 사건들과 동화되는 실존의 운동을 상징한다. 그런데 그녀는 어머니가 자신에게 가한 금지를, 문자 그대로, 삼킬 수 없다.[*] 프로이트는 입과 관련된 기능의 고장을 구강기[**]와 연관 짓는다. 구강기에 성적 에너지인 리비도가 억압되면 입에 이상 증상이 나타난다는 것이다. 메를로퐁티는 정신분석학적 해석을 거부하지는 않지만, 증상을 오로지 성적 에너지와 연결시키는 것에 문제가 있다고 본다. 그는 좀 더 포괄적인 방식으로, 실존적 방식으로 증상에 접근한다. 실성증은 "말이 전달수단이 되는 타인과의 관계들", "공존"의 거부를 표현하는 것이다. 여기서 소녀가 의지적으로 먹기를 거부하거나 말을 하지 않는 것이라고 볼 수 없는데, 그녀가 겪는 몸의 사용에서의 변화 혹은 변질은 그녀의 내적 상태를 외부로 표현하는 것이기 때문이다. 환자는 자신의 상태를 의식하고 있는 것이 아니다.

실성증은 입을 다무는 게 아니다. 사람들은 말할 수 있

---

[*]   Maurice Merleau-Ponty, *La phénoménologie de la perception*, p. 187 참조.

[**]   프로이트의 성적·심리적 발달 단계의 첫 단계로, 대체로 생후 18개월까지의 시기를 가리킨다.

을 때 입을 다문다. 실성증은 분명 마비가 아니다. 심리 치료 처방을 받고 가족으로부터 자신을 사랑하는 남자를 다시 볼 수 있도록 자유를 허락받았을 때 실성증 환자가 말을 되찾은 것이 그 증거다. 그렇다고 해서 실성증이 계산된 침묵 또는 의지적 침묵이었던 것은 아니다. 사람들은 암시증pithiatisme 개념에 의해 어떻게 히스테리 이론이 마비(또는 무감각)와 거짓의 가장의 양자택일을 극복하는지를 알고 있다. (…) 여기서도 같은 식으로, 소녀는 말하기를 멈춘 게 아니다. 그녀는 사람들이 기억을 잃어버리듯 목소리를 잃어버렸다.[*]

환자의 증상을 기호signe로, 환자의 내적 상태를 의미작용signification으로 바라본다면, 이때 실성증이라는 기호는 자기 안으로 물러남, 관계의 중지라는 의미작용과 분리될 수 없다. 실성증은 실존의 내적 상태를 표현하고 있다. 그래서 둘 사이에 의지나 위장, 꾸밈이 개입할 수 없는 것이다.

실성증에서 볼 수 있듯이, 증상은 실존적 상황에 따른 몸의 변모transformation이며, 증상을 치료하기 위해서는 증상이 시작된 몸에서의 변화를 다시 일으킬 수 있어야

---

[*]   Maurice Merleau-Ponty, *La phénoménologie de la perception*, p. 188.

한다. 의식적인 자각이나 증상의 객관화보다 심층적인 접근이 필요한 것이다. 메를로퐁티는 가볍게 손으로 어루만지는 등의 신체 접촉이 환자가 다시금 세상과 관계를 맺는 우연한 동기가 되어 환자에게 말을 돌려줄 수 있다고 말한다. "말 그대로 환자는 목소리 없이 지낸다. 심리학 의사 medecine psychologique는 환자의 병의 기원을 환자가 인식하게 하면서 그에게 영향을 주지 않는다. 손의 접촉이 때로는 위축을 멈추게 하고 환자에게 말을 돌려준다. (⋯) 환자가 의사에게 보내는 신뢰와 우정, 그리고 이러한 우정의 결과로서 실존의 변화가 없다면, 환자는 의사가 말하는 증상의 의미를 인정하지 않을 것이다."*

몸으로 표현되는 증상은 우선 몸에서부터 치료 방법을 찾아야 한다. 고막을 울리는 의사의 따뜻한 목소리(청각과 촉각)나 의사의 가벼운 신체적 접촉은 성대와 함께 경직된 몸을 이완해줄 수 있으며 지성적으로 병을 자각하는 것보다 효과적일 수 있다. 정신분석 임상에서 전이 transfert의 과정을 중요한 치료 방법으로 삼는다. 전이는 환자가 유아기 때 부모에게 가졌던 무의식적 감정을 의사를 상대로 반복적으로 갖게 되는 상황을 말한다. 정신분석가의 과제는 무의식에 억압된 무언가를 의식 상태로 끌어

*   Maurice Merleau-Ponty, *La phénoménologie de la perception*, p. 190.

내어 확인하고 치료하는 것인데 그러기 위해서 환자가 유아기에 가졌던 정서적 관계를 자신과 맺도록 해야 한다. 나아가 전이에 이르기 위해 환자에게는 의사에 대한 신뢰가 우선시된다.[*] 메를로퐁티가 치료 과정에서 말하는 세계와의 관계를 다시 열게 해주는 접촉과 정신분석에서 말하는 전이는 물론 다르다. 하지만 감각을 통한 열림이건 신뢰와 감정을 통한 열림이건, 자기 안으로 닫힌 실존적 변형에 대해서 관계를 다시 열어준다는 공통점을 가진다.

실어증의 여러 형태들

이제 실어증이 무엇인지에 대해 자세히 들여다보자. 실어증은 단순한 목소리나 발화 능력의 상실이 아니다. 실어증은 언어 능력의 상실을 의미하며, 증상은 다양하게 나타난다. 실어증 또는 언어 능력 퇴행이 나타날 때 습득한 순서대로 잃어버린다고 한다. 예컨대 명사를 가장 먼저 획득한 뒤 형용사와 부사에 이어 마지막으로 동사를 획득한다면, 명사를 가장 먼저 잃어버리고 동사를 가장 늦게 잃

---

[*]   정신분석에서 '전이'는 테크닉의 일종이지만, 결코 쉬운 일이 아니며 분석가 역시 환자의 전이를 위해서 그 자신이 '역전이'를 경험해야만 한다. 이와 관련해서는 브루스 핑크의 《라캉과 정신의학》(민음사, 2022)을 참고하면 좋다.

어버린다. 단어를 습득하는 데 들인 노력이 클수록 나중에 잃어버리는 것이다. 우리는 나이가 들어 서서히 치매 증상을 앓는 어르신들에게 그것을 확인하고는 한다. "그 단어가 잘 떠오르지 않는구나"라고 말할 때, 문제가 되는 것은 주로 명사. 그런데 러시아 출신의 구조주의 언어학자 야콥슨은 실어증에 대한 연구를 일보 진전시킨다. 그는 실어증의 증상을 분석하면서 언어의 구조를 한층 구체화한다.

소쉬르는 랑그와 파롤을 구분하면서 언어학의 문을 열었다. 그는 랑그보다는 언어활동의 시작이라고 할 수 있는 파롤의 중요성을 강조했고, 음성을 포함하는 파롤의 선線적인 특징에 유의했다. 야콥슨은 소쉬르의 업적을 충분히 인정하면서도 소쉬르가 발화에서 연속적인 속성만을 보았다고 지적하고 다른 주장을 펼친다. 발화(파롤의 사용)에서는 선형성 외에도 선택의 기능이 있다는 것이다. 그리하여 야콥슨은 발화에서 중요한 두 기능을 밝혀낸다. 그것은 선택(또는 대체)과 조합이다. 발화는 소쉬르가 주장했듯이 단순히 연속적이고 선적인 것이 아니다. 발화하는 주체 각자는 "미리 제조된 조립식 표상들을 담아 놓은 파일 캐비닛", 일종의 "어휘 창고"*를 가지고 있으며, 발화

---

*   로만 야콥슨·모리스 할레, 《언어의 토대: 구조기능주의 입문》, 박여성 옮김, 문학과지성사, 2009, 82쪽.

는 이 어휘 창고에서 선택과 조합의 기능에 따라 꺼내 쓰는 단어들로 이루어진다.

야콥슨에 따르면, 발화는 일정한 언어적 요소들을 선택selection하고, 그런 다음 상위의 차원에서 좀 더 복잡한 언어 단위들로 그 요소들을 조합combination하는 것을 의미한다. 좀 더 쉽게 풀어보자면, 발화자는 단어들을 선택하고, 자신이 속한 랑그의 문법 체계에 준해서 그 단어들을 문장으로 조합해낸다. 이 문장들은 다시 더 상위 차원의 발화 형태로 조합된다.* 소쉬르는 발화 행위에 이미 존재하는 말들의 연결에 주목했지만, 야콥슨은 그러한 연결에서 부재하는 단어를 실존하게 하는 능동적 기능에 주목한다. 단어를 끄집어내는 것이 발화의 능동적 기능이라고 할 수 있는바, 능동적 기능에 의해 어휘창고 단어들 가운데 어떤 것이 선택되고 그 단어들이 조합된다. 선택과 조합은 각각 코드code와 맥락context에 의거해 행해진다. 코드는 일정 단어들을 동일한 범주에 넣는 문법적 규칙을 의미하고 맥락은 발화가 일어나는 상황으로서 의미론적 측면을 의미한다. 코드는 소쉬르가 말한 집단적 언어 규칙인 랑그와 유사한 것으로 이해할 수도 있다. 야콥슨에 따르면 단어의 선택은 코드에 의해 연관된 요소들 사이에서 이루

* 로만 야콥슨·모리스 할레, 앞의 책, 81쪽 참조.

어지고, 단어들의 조합은 발화 내용인 메시지와 코드를 따르면서, 메시지 안에서 연결되는 요소들로 이루어진다.

야콥슨이 관찰한 실어증 환자들은 선택 기능이나 조합 기능에서 장애를 겪고 있으며, 기능의 차이에 따라 증상이 상이하게 나타났다. 야콥슨은 우선 제1유형의 실어증을 소개한다. 제1유형 실어증 환자는 주어진 상황에서 어떤 단어를 타인이 먼저 꺼냈을 때에만 문장을 완성할 수 있다. 가령 비가 내리는 날에 누군가 '비'라고 말하면 '비가 내린다'라고 문장을 완성할 수 있는 것이다. 하지만 비가 내리지 않거나 아무도 '비'라는 단어를 꺼내지 않으면 문장을 완성할 수 없다. 이 환자는 맥락에 의거한 조합 기능이 아니라 코드에 의거한 선택 기능이 고장난 것이다. 야콥슨은 선택 기능이 완전히 고장난 환자의 말은 "개인 방언"에 불과하다고 말한다. 선택 기능이 고장났다는 것은 문법 규칙인 코드를 소지하지 못했다는 것을 의미하며, 따라서 환자는 타인이 전혀 알아들을 수 없는 말을 발화할 것이다. 야콥슨은 조합 기능에서 장애를 겪는 다른 유형의 실어증 환자는 위계적인 문장 조합이 불가능하다고 말한다. 야콥슨에 따르면 이 환자는 접속사, 전치사, 대명사, 관사처럼 통사론적 문장을 완성할 수 있는 문법적 기능의 단어들이 사라진 "전보 문체"의 말을 하게 된다. 예컨대 환자는 '나는 요즘 코로나로 인해 친구들을 만날 수 없게 되어서 너무 우울하다'라는 메시지를 전달하려고 할 때 '나 코로나 친구 만나다 우울' 같은 말밖에 하지 못할 것이다.

두 유형의 실어증에서 밝혀진 발화의 두 능동적 기능, 즉 선택과 조합에서는 각각 단어들의 유사성similarity*과 인접성contiguity이 중요하다. 그리고 수사학적으로 유사성은 은유와 연결되고 인접성은 환유와 연결된다. 따라서 선택과 조합은 은유를 일궈내는 기능과 환유를 일궈내는 기능으로 이어진다. 이제 은유와 환유라는 발화의 이중 구조를 일상적 언어 사용을 통해 좀 더 살펴보자.

누군가는 '오두막'이라는 단어를 듣고 '오두막이 불타고 있어', '오두막에 낯선 사람들이 침입하고 있어'와 같이 서사적 상상력을 동원한다. 한편 다른 누군가는 '오두막은 거처다', '오두막은 작고 초라한 집이지'와 같이 오두막을 유사한 단어들로 정의한다. 야콥슨에 따르면 전자의 말은 환유와 인접성의 지배를 받는 발화이고 후자의 말은 은유와 유사성의 지배를 받는 발화이다. 다른 식으로 말하자면 전자의 말은 "위치(통사적 인접성)"에 의해, 후자의 말은 "의미론적 유사성"에 의해 단어들이 연결되었다고 말할 수 있다.

나아가 야콥슨은 이러한 은유와 환유의 구조, 유사성

---

* 이때 유사성이란 유의어, 상의어 등이 동일한 코드 내에서 열거될 수 있게 하는 성질을 말한다.

과 인접성의 연결이 문학 사조에 그대로 적용될 수 있다고 생각했다. 러시아의 서정시에는 은유가, 영웅의 서사시에는 환유가 지배적이었다. 낭만주의와 상징주의에서는 은유가 지배적이었지만, 이 둘 사이에 위치한 리얼리즘 작가들은 플롯에서 벗어나 주인공을 둘러싼 주변으로 시선을 옮기면서 환유의 방식을 사용한다. 톨스토이의 《안나 카레니나》에서 자살하는 여주인공으로 향하던 시선은 여주인공의 핸드백으로, 《전쟁과 평화》의 여인으로 향하던 시선은 그녀의 윗입술의 솜털로 옮겨지는 것이다.*

야콥슨은 실어증의 두 유형을 통해 발화의 두 가지 기능, 나아가 은유와 환유의 근본 구조를 밝혀내었다. 야콥슨의 설명은 충분히 설득력이 있지만, 여전히 여기에는 '누가 발화하는가'라는 문제, 즉 발화하는 주체의 몸, 이 몸과 세계의 관계, 몸짓의 차원이 빠져 있다.

실어증은 미래를 잃어버리고 화석처럼 굳어진 것이다

앞에서 우리는 증상을 기호라고 본다면 이 기호는 표현된 것과 불가분의 관계에 있다고 말했다. 다시 말해 실성증 혹은 실어증은 환자의 실존을 표현하고 있는 것이다.

---

* 로만 야콥슨·모리스 할레, 앞의 책, 108쪽 참조.

야콥슨은 언어의 세계 안에서 발화의 기능을 구분했지만, 언어의 세계가 지각이나 감각 등 경험의 세계와 분리될 수 있을까? 예를 들어 빨강이라는 단어를 잃어버렸다면(색명의 실어증), 그는 빨강을 이해하고 발화하는 능력만이 아니라 그것을 지각하는 능력도 잃어버린 것은 아닐까? 이를 밝히기 위해서 메를로퐁티는 색명을 잃어버린 한 환자의 사례를 가져온다. 의사가 환자에게 여러 색깔 표본을 놓고 분류하라고 요구했을 때, 환자는 특정한 색을 다른 색과 구분할 때 망설임을 보이며 자연스럽게 분류하지 못했다. 환자는 가끔 채도만 다른 동일한 색을 다른 색에 분류하기도 했다. 이 환자의 문제는 무엇일까? 메를로퐁티는 우리의 지각적 삶에는 수많은 "소용돌이들"과 이것들을 연결하는 수많은 "벡터들"(방향을 가진 힘들)이 있으며, 이 수많은 소용돌이들 가운데 어느 하나에 갇혀 있다면 다른 소용돌이들을 수용하지 못하고 협소한 지각적 세계에 머물 수밖에 없다고 말한다. 색깔을 분류할 때도 우리는 수많은 소용돌이와 벡터를 마주하고 그것들을 자연스럽게 배치하는데, 환자는 이를 제대로 수행할 수 없었던 것이다. 환자에게서 채도의 차이, 즉 흐릿함/선명함의 소용돌이 안에 있는 흐릿한 빨강은 빨강이라는 소용돌이와 벡터로 연결되지 못해 동일한 의미를 가질 수 없게 되었고, 예컨대 환자는 흐릿한 빨강을 흐릿함이라는 소용돌이와 벡터로 연결해서 흐릿한 파랑과 함께 파랑에 포함시키게 된 것이다. 그는 그렇게 지각하고 그러한 지각적 의미를 경험한 것이다. 따라서 색명 실어증 환자의 증상은 단순히 언어적 기호 차원의 문제로 볼 수 없다. 그는 이미 종합적 지각 능력에 문제가 생긴 것이다.

종합적 지각 능력은 몸의 능력이며, 감각들을 종합하고 그 가운데에서 의미를 발견하는 능력이다. 평소의 몸은 바깥으로 향하면서 계속 움직이지만, 또한 실성증의 경우처럼 자신을 포기하고 자신을 비인칭적이고 수동적인 상태로 놓아둘 수 있다. 앞에서 언급했던 목소리와 말을 잃어버린 여자아이에게 미래나 과거로 향하거나 살아 있는 현재로 향하는 운동, 그리하여 배우고 성숙해지며 타인과 소통할 수 있는 능력은 몸의 증상에 갇혀서 더 이상 발휘될 수 없는 것처럼 나타났다. 실존은 어디로도 향하지 못하고, 운동을 상실한 몸은 '삶이 숨는 곳'이 되었다. 환자에게 삶이 무의미해지자 그에게 더 이상 아무 일도 일어나지 않으며 환자의 삶은 비인칭적이고 수동적인 상태, 다시 말해 '아무것도 아님rien'의 의미와 형태를 갖게 된다.[*]

환자가 의사의 따뜻한 목소리와 가벼운 손의 접촉이

---

[*]   Maurice Merleau-Ponty, *La phénoménologie de la perception*, p. 192 참조.

시발점이 되어 말을 되찾는 것처럼, 몸은 다시금 과거와 미래로 향할 때, 타인과 단절된 상태에서 벗어나 타인을 향하게 될 때, 시간을 살아내면서 타인들과의 공존을 통과할 때, 능동적이고 되고 목소리를 되찾는다.[*]

사실상 몸은 늘 세계를 향해 열려 있으며 세계를 향해 움직일 준비가 되어 있다. 심지어 잠들어 있을 때조차 우리 몸은 보초병처럼 세계를 향해 신경을 곤두세운 채 감각을 열어 두고 있다. 잠들어 있을 때 몸의 감각들이 외부 세계를 향해 열려 있지 않다면 우리는 영영 잠에서 깨어나지 못할 것이다. 실성증 환자처럼 자신을 놓아버리고 비인칭적·자연적인 상태로 빠져들 수도 있다. 하지만 우리의 인격적 실존이 그런 자연적 몸을 붙잡아 일으켜 세우고, 자연적 몸을 의미 있는 몸으로, 의미들을 찾는 몸으로 만든다. 인간은 누구나 걷고 먹고 잠을 자지만, 모든 인간이 동일한 방식으로 걷고 먹고 잠을 자지는 않는다. 개인은 고유한 스타일로 몸의 움직임을 이끌어내며 이것은 동시에 그의 세계를 표현한다. 그렇게 한 개인의 능동적인 몸은 보이지 않는 세계의 의미를 포착하고 표현한다.

몸이 매 순간 실존을 표현한다면, 이는 파롤이 사유

[*]   Maurice Merleau-Ponty, *La phénoménologie de la perception*, p. 192 참조.

를 표현한다는 것과 같은 의미다. 파롤은 관습적 언어(랑그)에 속하는 것도 아니고, 코드에 따른 선택과 맥락에 따른 조합의 기능(야콥슨)에 의존하기만 하는 것도 아니다. 몸과 세계, 몸과 타인의 관계와 연결, 그로부터 만들어지는 의미작용을 고려할 때 관습적이고 정착된 의미의 말들 너머에 존재하는 심층적인 말의 차원을 전제해야 한다. 즉 표현하는 몸과 말하는 말의 차원을 전제해야 한다. 몸은 그런 식으로 총체적 실존을 표현한다. 몸은 실존에 뒤따라오는 수반물이 아니고, 오히려 반대로 실존이 몸 안에서, 표현하는 몸 안에서 실현되는 것이다.

지금까지 우리는 사랑하는 남자를 만나지 못하게 한 가족으로 인해 말을 잃어버린 한 여자아이의 증상을 실마리로 삼아 실어증, 실성증에 담긴 실존적 의미를 알아보았고, 야콥슨의 선택과 조합의 고장으로 인한 실어증 분석은 탁월하나 이 분석만으로는 실어증을 설명하기에 충분하지 않다는 것을 확인했다. 말을 잃어버리는 증상은 여러 양상으로 나타나고 원인도 다양하다. 또한 여러 학문적 관점에서 분석되고 다뤄질 수 있다. 여기서 우리는 현상학적 관점과 언어학적 관점에서 실어증을 이야기했으며, 이는 실어증이 지닌 다양성 중 극히 일부만을 해명했을 뿐이다. '말을 하지 않는다'는 것은 말을 대상으로 의식하고 있으면서 의지적으로 침묵을 선택하는 의식적 결정이며, 반면에 '말을 잃어버린다'는 것은 세계와 타인으로 향하는 몸짓 자체를 잃어버린다는 것이다. 이 경우 몸짓이 대상으로서 인식되고 행해지지 않는 것처럼 몸짓으로서 말과 발화는 대상이나 표상이기 전에 이미 나의 실존을 표현하고 있다.

관계를 맺는다는 것을 나 자신의 울타리를 깨고 나오는 것이고, 시간적으로 보면 현재의 나로부터 미래의 나로 나아간다는 것이다. 또한 현재의 나는 동일한 절차를 통해 과거의 내가 미래를 향하면서 이르게 된 것이다. 세계나 타인과 관계를 맺지 못하는 것은 자기 안에 갇혀 있다는 말이고, 자신이 타자에게 개방되어 있지 않다는 말이다. 파롤은 그런 의미에서 자기를 개방하는 하나의 방식이다. 몸짓, 감각, 시선 등 세계에 대해 자신을 개방하는 여러 방식이 있지만, 실어증(또는 실성증)을 통해서 우리는 파롤도 분명히 그러한 방식들 가운데 하나로 자리매김할 수 있다는 것을 보았다.

무인도에 도착한 로빈슨에게 무슨 일이 일어났을까?

타인이 없는 세계와 말

우리는 목소리를 잃어버린 여자아이에서 시작해 발화를 할 수 없게 된 실어증 혹은 실성증의 심리학적·실존적 원인을 분석했고, 야콥슨의 구조주의 언어 이론에 기대어 실어증에서 문제가 된 기능이 구체적으로 무엇인지 살펴보았다. 실어증과 실성증은 사물들과의 관계, 타인과의 관계의 단절이라는 실존의 표현, 관계가 함축하는 미래로 향하는 시간이 중단된 실존의 표현이며 영원한 현재 속에서 살아가거나 자기 안으로 들어가 살려는 실존적 의미의 표현이다. 야콥슨은 선택 혹은 대체, 그리고 조합이라는 능동적 기능의 상실에서 실어증의 증상을 알아보았으며, 그가 관찰한 환자에게서 능동적 기능의 상실은 행동에 있어서의 이니시어티브initiative 상실처럼 나타난다는 것을 확인했다. 이를 통해 우리는 능동적 기능의 상실이 몸짓의 운동적 기능의 상실과 밀접히 연관되어 있음을 알 수 있다.

이처럼 말하는 주체가 그의 실존과 밀접히 연관된다는 것을 이제까지 확인할 수 있었다. 그런데 실존이 세계 내 실존 또는 세계로 향하는 실존이라면, 그러한 세계에서 타인의 존재는 어떤 의미를 갖는지, 더 정확하게는 타인의 존재가 말하는 주체에게 어떤 의미를 갖는지를 우리는 다시 물을 수 있다. 타인의 의미를 탐구하고 다루는 사상이나 작품들은 많지만, 앞서 말의 진정한 의미를 '말을 잃어버린 증상'에서 역으로 발견할 수 있었듯이 우리는 타인이 부재하는 세계에서 타인의 진정한 의미를 발견하려는 시도를 고찰해보려고 한다.

타인이 없는 세계를 상상하면 우리는 단번에 무인도

를 떠올린다. 그리고 무인도와 무인도 난파자의 삶을 주제로 삼은 대니얼 디포의 《로빈슨 크루소》와 영화 〈캐스트 어웨이〉를 떠올리지 않을 수 없다. 말을 주고받을 수 있는 타인이 존재하지 않을 때 인간은 어떻게 될까? 실어증을 통해 파롤 또는 언어활동이 갖는 의미를 얻을 수 있는 것처럼, 타인이 부재할 때 타인이 갖는 진정한 의미를 발견할 수 있다. 이 장에서는 인간에게 타인이 갖는 의미를 알아보는 동시에 그러한 타인이 세계 지각이나 언어 형성에 어떤 역할을 하는지 살펴보려고 한다.

두 종류의 섬

프랑스의 소설가 미셸 투르니에의 소설 《방드르디, 태평양의 끝》(이하 《방드르디》)은 디포의 《로빈슨 크루소》를 개작한 것이지만, 문화가 다른 만큼 세부적인 감정과 사상의 결이 사뭇 다르다. 들뢰즈는 투르니에의 이 소설에 대해 매우 통찰력 있는 글을 발표한다. 들뢰즈는 오랫동안 투르니에와 깊은 우정을 맺었던 친구이기도 하다. 들뢰즈가 투르니에에 관한 글을 발표했다는 것은 널리 알려져 있는 반면에 잘 알려지지 않은 사실이 있다. 들뢰즈가 투르니에의 《방드르디》가 출간되기 전에 '무인도'에 대해 이미 관심을 가지고 있었다는 것이다. 1950년대에 들뢰즈는 「무인도들의 원인과 이유」(이하 「무인도」)*라는 글을 썼으며, 이는 투르니에의 《방드르디》가 발표된 1967년보다 한참 앞선 시기다. 「무인도」는 원래 잡지 〈누보 페미나 Nouveau Fémina〉에 실릴 예정이었으나 결국 수록되지 못하고 자필 원고만 남게 된다. 「무인도」는 이후 다른 에세이들과 함께 한 권의 책에 묶여서 출판된다. 1950년대 초반에 쓴 「무인도」와 1967년에 출간된 《방드르디》를 비교하는 일은 매우 흥미로운 작업이 될 터인데, 이 비교를 통해 들뢰즈의 사상이 어떻게 변화되었고 어떤 점이 유지되었는지를 알 수 있기 때문이다. 하지만 우리는 이 장에서 두 연구의 주요 테마인 무인도와 무인도에 살게 된 난파자에게 무인도가 갖는 의미를 중점적으로 살펴보려고 한다.

들뢰즈는 「무인도」의 첫머리에 지리학자들이 구분하는 두 가지 섬을 소개한다. 그리고 이러한 과학적 구분이 섬에 관한 인간의 신화적 상상력과 일치한다는 사실에 놀라워한다. 지리학자들이 구분하는 두 섬은 '대륙의 섬île continentale'과 '대양의 섬île océanique'이다. 대륙의 섬은 "대륙에서 분리되었으며 탈구, 침식, 단층에서" 생겨난다. 대양의 섬은 "산호초들에 의해 구성되거나(이때 섬들은 진

---

*   Gilles Deleuze, *L'île déserte. Textes et entretiens 1953-1974*, Seuil, 2002.

정한 유기체로서 우리에게 나타난다), 해저 화산 분출에서 생겨난다(이때 섬들은 분지들의 운동을 물 바깥으로 가져온다).[*] 대륙에서 떨어져 나왔다는 특징 때문에 대륙의 섬은 파생된 섬이고,[**] 대양의 섬은 그 자체가 생성의 기원을 갖기 때문에 본래적인originaire 섬이라고 할 수 있다. 대륙 근처 바다에 겹겹이 떠 있는 섬들은 대륙에서 파생된, 대륙의 섬들이다. 이에 더해 들뢰즈는 두 종류의 섬을 땅과 바다의 관계에 따라 구분한다. 대륙의 섬은 높은 구조의 땅이 일시적으로 침하하면서 생겨난 것이기 때문에 바다가 땅 위에 있는 구조이며, 대양의 섬은 바다 위로 솟아오른 땅에 의해 생성된 것이기 때문에, 땅이 바다 위에 있는 구조이다. 대양의 섬에서 바다는 땅을 소멸시키기 위해서 언제든지 자신의 힘을 끌어모을 수 있다. 이 두 섬은 모두 땅과 바다라는 근본적인 두 세력의 무시무시한 전투를 상기시킨다.

두 종류의 섬은 성격에 따라 사고의 방향도 다르게 전개되는데, 대륙의 섬의 사고는 아무리 바다가 있다 한들 그 아래에 땅이 있어서 물을 떠받치고 있다는 쪽으로 상상력을 발전시킨다. 반면에 들뢰즈가 '본래적인originaire 섬'이라고 명명하는 대양의 섬은 그러한 대륙적 상상력에서

---

[*]   Gilles Deleuze, 앞의 책, p. 9, 괄호는 인용자.

[**]   대륙의 섬은 우리나라 남해안의 다도해를 떠올리면 쉽게 이해된다.

벗어난다. 대양의 섬과 연관되어 작동하는 사고는 섬 자체가 기원이 되는 상상력을 동원하는 경향이 있다. 즉 본래적으로 땅이 있고 바다가 물러나 출현하게 된 섬이 아니라는 말이다. "섬 그것은 또한 기원origine"이고, "근본적이고 절대적인 기원"이다. 섬은 대륙으로부터 완전히 분리되어서 그 자신이 기원이 되고 자신을 창조하는 것이다. 그래서 들뢰즈는 대양의 섬의 상상력에서 '분리'와 '재창조'는 불가분적이라고 이야기한다.

섬이 하나의 기원일 수 있을 때, 그리고 섬이 기원의 힘을 지닐 때 섬에 이르게 된 난파자는 기원의 힘을 자신의 것으로 붙잡을 수 있다. 섬에 도착한 난파자는 시작은 불행할지언정 대륙으로부터 분리되어 재창조의 기회를 가질 수 있게 되는 것이다.

실제로 만일 인간들이 충분히 분리되었다면, 충분히 창조자들이라면, 그들은 섬 자체의 역동적 이미지만을 섬에게 주게 될 것이며, 섬이 인간을 통과해서 마침내 인간이 없는 무인도로서 자기의식을 얻게 되는 정도로까지 역동적 이미지를 생산했던 운동의 의식을 그 섬에게 줄 것이다.[*]

[*] Gilles Deleuze, 앞의 책, p. 10.

섬에 도착한 인간이 대륙에서 떨어져 나온 난파자가 아니라 대륙으로부터 완전히 분리된 자로서 다시 서게 된다면, 그때 무인도는 그에게 완전히 다르게 경험될 것이다. 마치 인간이 자기의식을 획득함으로써 자기 자신으로서 온전히 존재할 수 있는 것처럼, 섬은 섬 자체가 생산해내는 이미지에 의해 하나의 독립적 존재처럼 설 수 있게될 것이다. 실제로 많은 신화와 이야기에서 새로운 기원으로서의 섬을 다루고 있다. 이를테면 노아의 방주가 온 세상이 물에 잠겼을 때 도착한 곳은 대양의 섬이다. 땅이라고는 없는, 물이 모든 것을 집어삼킨 다음 홀연히 서 있는 섬. 그리고 그 섬에 생명체들의 새로운 시작이 있다.

하지만 들뢰즈가 난파자가 도착한 섬에서 본 것은 창조가 아니라 재창조이다. 방금 지적했듯이 거기에는 무에서 창조된 인간이 아니라 난파자가 있고, 가장 날렵한 동물들과 가장 다채로운 식물들과 가장 놀라운 양분들이 이미 있기 때문이다. 따라서 기원으로서의 섬에서 일어나는 것은 창조가 아니라 재창조, 재배치다.

《로빈슨 크루소》의 난파자가 무인도에 도착해서 가장 먼저 한 일은 배 안에 남아 있는 인간의 물건들을 섬으로 실어 나르는 것이었다. 이 물건들은 분리되기 전의 세상의 배치, 공존하는 인간과 사물의 배치를 표현하고 있다. 무인도에 도착한 인간이 물건들을 실어 나르면서 단지 인간 세상의 물건만을 섬으로 끌어들였던 게 아니다. 그는 혼자 남았음에도 불구하고 인간 사회의 생활 패턴과 생활 배치를 섬으로 들여온다. 《로빈슨 크루소》에서는 자본주의 생활 양식이나 시계와 법전 등과 같은 인간의 문화적 산물도 섬으로 들여온다.

무인도에서 출발한 세계의 신화적 재창조는 자본에서 출발한 부르주아지의 일상적 삶의 재조합에 자리를 내어준다. 모든 것이 배에서 끌어내졌고 창안된 것은 아무것도 없다. 모든 것이 힘겹게 섬에 적용된다. 시간은 노동의 결과에 이득을 돌려주기 위한 자본에 필수적인 것으로서의 시간일 뿐이다. 신의 섭리적 기능, 그것은 소득을 보장하는 것이다. (…) 로빈슨의 동반자는 프라이데이다. 그는 순종적으로 노동하고 노예인 것에 행복해하며, 식인성에 곧바로 혐오를 느낀다. 건전한 독자는 프라이데이가 결국 로빈슨을 먹는 것을 꿈꿀 것이다. 이 소설은 자본주의와 프로테스탄티즘의 연관성을 긍정하는 명제의 가장 훌륭한 제시를 보여준다. 《로빈슨 크루소》는 청교도주의 안에서의 신화들의 파산과 사망을 전개한다.[*]

---

[*]　　Gilles Deleuze, 앞의 책, p. 11.

들뢰즈는 《로빈슨 크루소》에서 알레고리처럼 나타나는 자본주의적 생활 양식과 이것의 상상적 전복을 이야기하고 있다. 하지만 《로빈슨 크루소》와 달리 《방드르디》에서 핵심은 자본주의의 본질과 그 우여곡절이 아니다. 로뱅송이 소유주이고 방드르디Vendredi(금요일)가 노예 혹은 노동자로서 존재하는 배치는 오래가지 못한다. 로뱅송 자신이 점차 섬에 녹아들기 시작하고 이미 섬과 일치하는 야생적 삶을 살았던 방드르디와 동등한 관계로 들어선다.

투르니에의 《방드르디》 속 로뱅송의 무인도

들뢰즈는 「무인도」를 쓰고 10여 년 후에 「미셸 투르니에와 타인 없는 세상」(이하 「투르니에」)을 쓴다. 이 글에서도 무인도를 주제로 다루지만, 투르니에의 소설을 상세히 다룸으로써 들뢰즈는 무인도에 대한 생각을 보다 구체화한다.* 투르니에의 《방드르디》는 자본주의 세계에 대한 간접적 비판을 담고 있는 디포의 소설과 달리, 무인도에서 살아가면서 혼자인 삶을 겪는 한 인간, 그리고 그가 한 원시적 타자와 맺는 관계를 중심으로 전개된다. 그래서인지

---

* 「무인도」에서는 디포의 《로빈슨 크루소》와 프랑스의 소설가 지로두의 《쉬잔》에 나오는 섬을 다뤘다.

들뢰즈는 「투르니에」에서 무인도의 성격을 '기원origine'에서 '목적but'으로 바꾼다. 들뢰즈는 무인도의 의미를 기원이 아닌 궁극적 목적이라고 서술한다. 무엇이 목적일까? 「투르니에」에서 로뱅송은 대륙과 인간 사회로부터 일탈되어 섬의 자연, 섬의 감각적 요소 중 하나가 된다. 즉 일탈의 끝, 혹은 무인도 거주자의 목적은 그 자신이 기원이 되는 것이 아니라 자연의 요소가 되는 것이다. 그리하여 투르니에는 로뱅송이 섬을 떠나지 않게 한다. 이러한 목적, 궁극적 목표는 '탈인간화', 자연의 리비도와의 만남, 우주의 에너지 또는 원초적인 건강함과 합류하는 것이다. 이러한 목표는 로뱅송이 섬에 존재할 때만 이룰 수 있으며, 섬이라는 인간적 형태가 다시 산산조각 나서 빛과 공기와 태양의 감각적 요소들이 될 때 비로소 달성된다.[*]

다시 말해 「무인도」에서는 본래적인 섬, 기원으로서의 섬에서 일어나는 분리와 재창조를 주제로 삼았다면, 「투르니에」에서는 로뱅송의 여정을 통해 재창조에서 시작해서 기원으로 향하는 길이 결국 목적이었음을, 궁극적 목적은 탈인간적인 자연의 원소 혹은 우주적 에너지로 돌아가는 것이었음을 보여주고 있다. 어떻게 보면 인간적 세상에서 분리되어 스스로를 재창조하는 섬(=인간)으로는 충

---

[*]   질 들뢰즈, 《의미의 논리》, 이정우 역, 한길사, 1999, 476쪽 참조.

분하지 않으며, 결국 인간 자신까지 해체되어 어떤 요소적 상태에 이르러서야 여정이 완성되는 것처럼 보인다.

《로빈슨 크루소》와 다르게 투르니에는 그러한 로뱅송의 경로, 들뢰즈가 파악한 목적에 이르는 길을 잘 보여준다. 타자인 방드르디는 로뱅송이 이르러야 할 원초적 기원으로 향하는 데 있어서 기회원인적 역할을 한다.

무인도에 도착한, 일탈된pervers* 로뱅송이 시급히 해결해야 하는 문제는 물론 생존이었다. 하지만 또한 그는 심리적으로 타인의 부재가 주는 고통을 심각하게 겪어야 했다. 나를 보아주고 인정하거나 책망하는 타자, 나와 말을 나눌 수 있는 타자가 없다는 사실은 그의 존재를 점점 불확실하게 만든다. 영화 〈캐스트 어웨이〉의 주인공이 배구공에 윌슨이라는 이름을 붙이고 대화를 나누는 장면을 많은 사람이 인상 깊게 보았던 이유도 생존만큼이나 중요한 문제가 타자의 부재라는 것에 공감했기 때문일 것이다.

로뱅송은 무인도에 도착하자 그 섬에 "스페란차"라는 이름을 주고 스스로 섬의 총독이 된다. 이러한 제스처는 혼돈과 무질서의 무인도에 규칙과 질서를 부여하겠다

---

* 들뢰즈는 「무인도」에서는 섬의 분리를 '파생된dérivé'이라고 표현한 바 있다. 「투르니에」에서는 파생된이라는 표현은 나오지 않으며 '일탈된pervers'이라는 표현이 나온다. pervers는 정신분석의 전문용어로서 '일탈'의 의미보다는 '전복', '도착'의 의미가 강하다.

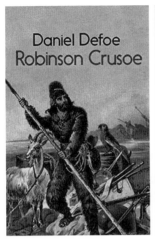

《로빈슨 크루소》(왼쪽)과 《방드르디, 태평양의 끝》(오른쪽) 표지

표지에서 드러나는 두 소설의 차이

오른쪽 투르니에의 소설에서 로뱅송은 무리에게 잡아먹히지 않기 위해 도
망쳐 나온 원주민에게 방드르디(금요일)라는 이름을 붙여준다. 왼쪽 디포
의 로빈슨은 인간의 문화생산물들을 배에 싣고 무인도로 들어온다.

는 의도, 앞서 디포가 자본주의 사회를 섬에 옮겨 놓았듯이 인간적 사회를 옮겨 놓겠다는 의도를 보여준다. 하지만 시간이 갈수록 질서는커녕 그는 점점 더 혼돈에 빠지게 된다. 결국 로뱅송은 자신이 섬인지 섬이 자신인지 알 수 없는 광기의 상태에 이른다. 이 과정에서 "생존, 타인(방드르디)의 등장 및 타인과 함께하는 삶, 다시금 혼자인 삶"이 순차적으로 일어난다. 들뢰즈는 《투르니에》에서 타인의 부재가 로뱅송에게 안겨주는 심리적 박탈 상태를 세 단계로 구분해서 설명한다. 그리고 이것을 로뱅송에게서의 '타인 추락'의 세 가지 의미라고 명명한다.

첫 번째 순간은 현실적인 타인이 부재하는데도 타인-구조가 로뱅송을 채우고 있을 때 그가 보이는 반응을 가리킨다. 그는 여전히 타인-구조 속에서, 타인의 시선 아래에 있는 것처럼 행동한다. 이러한 태도는 신경증적이다. 타인-구조라는 비가시적인 틀이 여전히 로뱅송의 세계를 떠받치고 있고 로뱅송이 그 안에서 살아가기 때문이다. 비가시적이면서 '나'의 존재를 가장 확실하게 보증해주는 타인의 응시를 사르트르는 《존재와 무》의 '수치심' 장에서 훌륭하게 묘사한다. 자신은 보이지 않으면서 나를 바라보는 응시는 내 안에서의 느낌, 즉 수치심을 통해서만 내게 알려진다. 응시하는 타인은 존재 유무에 상관없이 내 안에 수치심을 불러일으키므로 구조적 타인이라고 할 수 있다.

영화 〈캐스트 어웨이〉(2001) 중에서

무인도에 남은 인간의 친구, 배구공 윌슨

배우 톰 행크스가 분한 주인공 척 놀랜드는 비행기에 실려 있던 배구공에게 윌슨이라는 이름을 붙여주고 타인을 대하듯 말을 한다. 비록 척 혼자 하는 말일 뿐이지만 이는 타인이 부재한 상황에서 상상의 타자를 만들 정도로 인간이 혼자 살아가는 것이 어려운 일임을 보여준다.

들뢰즈가 타인-구조를 말할 때 사르트르가 말한 응시의 주체인 타인만을 염두에 둔 것은 아니다. 타인-구조는 난파되어 무인도에 홀로 남겨진 로뱅송을 여전히 따라오며 한동안 로뱅송은 그 구조에 속해 있고 의존한다. "구조는 비어 있는 상태로, 그러나 여전히 엄격하게 기능한다."*

　　두 번째 순간은 타인-구조가 쇠퇴하기 시작했음을 알려주는 순간이다. 노력하지 않아도 작동하던 타인-구조가 무너질 조짐이 보이자 로뱅송은 타인-구조가 사물들에게 부여했던 질서와 인간 노동이 흔적처럼 잔존한 물건들을 찾으려고 노력한다. 그는 물시계를 만들어 시간을 조정하려 하고, 방드르디를 상대로 법률을 제정하고 자신을 총독으로 지명하면서 관료적인 명칭들을 소환한다. 뿐만 아니라 로뱅송은 과잉 생산에 이를 때까지 생산에 몰두한다. 이는 《로빈슨 크루소》와 다른 점인데, 로빈슨은 자본주의와 프로테스탄티즘의 향기를 물씬 풍기면서 필요 이상의 생산을 '악'으로 취급하며 필요 이상으로 생산하는 것을 금지하기 때문이다. 하지만 투르니에의 로뱅송은 광적인 생산에 몰두한다. 이는 투르니에가 현실 사회에 대한 비판의 메시지를 담기보다 타인이 부재하는 세계에서 인간이 겪는 심리적 변화를 보여주는 데 집중하고 있음을 보여준다.

* 　　질 들뢰즈, 앞의 책, 490쪽.

마지막 순간은 타인의 완전한 추락이 일어나는 순간이다. 즉 비가시적인 타인-구조건, 로뱅송이 억지로 끌어모은 타인-구조의 흔적이건 타인과 연관된 일체의 구조가 소멸하는 순간이다. 또한 이 순간은 로뱅송에 의해 세상이 재구조화되는 순간이다. 로뱅송은 자기 자신을 포함한 모든 사물이 원소 단위로 하강하고 모든 것이 형태와 형상으로부터 해방되는 순간을 맞이한다. 들뢰즈는 이러한 세상을 "순수한 평면"이라고 이름 붙인다.

> 의식은 대상들에 빛을 던지는 존재이기를 그치고, 사물들 자체의 순수한 인광이 된다. 로뱅송은 섬의 의식일 뿐이지만, 섬의 의식은 섬이 스스로 가지는 의식이며, 섬 자체이다.[*]

> 그래서 우리는 무인도의 역설을 이해하게 된다. 난파자는 그가 유일하다면, 그가 타인-구조를 잃어버렸다면, 섬의 황량함을 중단시키지 못한다면, 그것을 차라리 인정하리라. 섬의 이름은 스페란차이다. 그러나 나Je는 누구인가?[**]

---

[*] 질 들뢰즈, 앞의 책, 487쪽.

[**] 질 들뢰즈, 앞의 책, 487쪽.

타인의 역할

《방드르디》는 "타인 없는 섬에서 어떤 일이 벌어질 것인가?"라는 신화적 가정에서 시작되어 이뤄지는 로뱅송의 모험이다. 우리는 섬에서 타인의 부재가 야기하는 결과나 효과 들을 통해, 일상 세계에서 타인의 현존이 가져오는 결과나 효과를 추리할 수 있다. 타인은 무엇이고, 타인의 부재는 무엇을 의미할까?

우선 타인은 나의 지각 활동에 영향을 준다. 타인은 나를 둘러싼 사물과 세상에 안정성을 부여하고 그것이 나를 해치지 않는 것임을 확신시킨다. 내가 지각하는 사물은 내게 일부분의 측면들만을 보여준다. 하지만 나는 그 사물이 나와 다른 장소에 있는 타인들에게 또 다른 측면들을 보여주고 있다는 것을, 타인을 보면서 안다. 만일 타인이 존재하지 않는다면 눈앞의 사물이 내가 그것으로부터 등을 돌리는 순간 나를 따라오거나 나를 향해 덤빌지도 모른다는 이상한 생각에 빠질 수도 있다. 타인은 내가 지각했던 그 사물이 그 자리에, 세계 속 자신의 자리에 있게 하는 보증인으로 기능한다. 만일 처음 마주한 새로운 대상이 나를 공격하지 않을 것이라고 내가 확신한다면, 이는 내가 보는 쪽의 반대쪽에 타인의 존재를 가정하고, 언제든지 내가 타인이 있는 자리로 가서 타인의 봄에 합류할 수 있다고 생각하기 때문이다. 이러한 봄의 여러 측면이 하나의 대상을 이루고 있다는 것은 대상이 내가 보지 못하는 일종의 여백을 자기 안에 갖고 있다는 것, 그리고 나는 이러한 여백과 아울러 사물들이 장차 현실화될 수 있는 잠재성들을 사용해서 대상을 경험한다는 것을 의미한다. 대상의 잠재성을 암시하고, 한 대상의 (현실화되지 못한) 여분의 실존을 가능하게 하는 것이 바로 타인이다.*

　　타인이 없다면 나는 사물을 온전히 지각하지 못한다. 내게 보이지 않는 사물의 면은 영원히 내게 보이지 않을 것이지만 타인이 존재한다는 것은 내가 보지 못하는 사물의 다른 면을 볼 수 있다는 것이고 설령 내가 사물을 보지 않을 때라도 그 사물이 타인에게 보일 수 있다는 것이다. 내가 지금 지각하는 사물은 과거, 그리고 미래에 잠재성의 장에 머무르는 것이다. 타인이 있음으로써 내 앞의 사물은 또 다른 가능성의 장을 내게 제시한다. 잠재성 안에 머무르던 사물은 나의 지각에, 또한 타인의 지각에 대해서 가능한 면모를 드러낸다. 들뢰즈는 사물의 잠재성과 가능성을 구분한다. 잠재성이란 존재론적으로 사물이 내포하고 있는 성질을 가리키며, 이것은 인간이 그것을 경험하건 경험하지 않건 이미 사물에 내재해 있다. 반면 가능성이란 어떤 사물을 인지하기 위해 통일된 무언가로 사물을 정립

---

*　　질 들뢰즈, 앞의 책, 479쪽 참조.

함으로써 얻을 수 있는 것을 말한다. 잠재성으로서의 사물과 나와 타인의 지각들에서 일어나는 사물의 대상으로의 변화는 내가 사물로부터 위협받지 않으면서 사물을 지각의 대상으로서 경험하도록 보장해준다. 들뢰즈는 우리가 타인의 심술을 불평할 때, 우리는 보다 끔찍한 심술, 즉 타인이 없을 경우 사물들이 우리에게 드러내 보일 심술을 망각하는 것이라고 말한다.

다만 그렇게 안정적인 사물을 사물 그 자체, 사물의 진실이라고 볼 수는 없다. 나와 타인이 협조해서 만들어놓은 안정적인 사물은 사물의 가능성이다. 나와 타인은 지각된 사물 너머에서 지각되지 않은 것과 지각 가능한 것을 포함하는 '가능한 사물'을 얻는다. 이 가능한 사물은 현실성 너머에 있기 때문에 기호로서의 사물과도 맥을 같이 한다.

지각적 장에서 타인의 역할은 단지 사물의 안정성과 가능성을 보증하는 것에 그치지 않는다. 타인의 위치는 그보다 중요하다. 타인이 없다면 나는 끊임없이 내가 대상을 지각하고 있는 것인지 아닌지 행여 내가 지각한다고 착각하는 것인지 의심을 멈출 수 없을 것이기 때문이다. 그래서 들뢰즈는 타인이 "지각적 장의 아프리오리A priori한 구조"라고 말한다. 아프리오리하다는 것은 경험 이전에 이미 주어져 있음을 의미한다. 따라서 타인이 지각적 장의 아프리오리한 구조라는 말은 지각적 경험을 하기 위해서 타인이 구조적으로 이미 존재해야 한다는 것을 의미한다. 즉 타인이 부재할 때 지각적 장은 아예 기능할 수가 없다. 세계 속 모든 사물들은 아프리오리한 구조로서의 타인을 경유해서 내게 지각된다. 지각된 사물은 비록 실재성을 상실할 수 있지만(또는 칸트의 물자체*처럼 영원히 인간의 인식 능력 밖으로 물러나버릴 수 있지만), 이러한 대가를 치르고 인간이 얻는 것은 안정적인 가능세계다. 그리고 이러한 가능세계의 한 형식, 또는 가장 탁월한 가능세계가 바로 언어다. 언어의 세계는 사물과 전혀 유사하지 않지만 타인-구조 속에서 안정성과 가능성을 보장받는다.

　지각적 장과 언어 세계의 아프리오리한 구조로서 타인-구조를 도입함으로써, 전통적인 이분법이 다른 식으로 설정된다. 철학에서의 전통적인 이분법은 질료와 형식으로, 내용과 형식으로 나타났다. 즉 무질서하고 무차별적인 질료와 이 질료를 종합하는 능력의 주체로서 나타났다. 이제 이분법은 자리를 이동한다. 그것은 타인의 부재가 가져오는 효과들과 타인이라는 구조가 가져오는 효과들로 나뉘질 수 있다. 타인의 부재, 더 정확히는 타인-구조의 부재는 주체를 영원한 현재에 머물게 하고, 주체를 대상과의

---

*　　칸트는 인식의 내용을 현상계로 한정지으며 인식 너머에 있는 것을 인간은 알 수 없다고 말한다. 이러한 인식 너머를 가리킬 때 '물자체 das Ding an sich, the thing in itself'라는 단어를 쓴다.

일치 속에 놓는다. 마지막 순간의 로뱅송은 자신이 곧 섬이고 섬이 곧 자신이 되며, 나아가 섬을 이루는 빛나는 자연의 요소들이 된다.

들뢰즈의 「미셸 투르니에와 타인 없는 세상」을 타인의 현존, 타인-구조의 필연적 기능과 가치를 주장하는 글로 읽어서는 안 된다. 애초에 들뢰즈는 투르니에의 로뱅송을 '목적'의 관점에서 읽어야 한다고 말했다. 들뢰즈는 각자의 한계를 밀어붙이기를 요구한다. 이러한 점이 세계 내존재, 세계 경험으로서의 자아 존재를 강조하는 현상학과 들뢰즈를 구별하는 이유다. 투르니에의 《방드르디》 끝 부분에서 로뱅송과 방드르디가 머무는 섬에 드디어 서양의 배가 도착한다. 이 얼마나 환호할 일인가. 그 오랜 표류의 세월이 기다렸던 것은 바로 이 순간이 아니겠는가? 그런데 모두의 예상을 깨고 로뱅송은 그 배에 오르지 않는다. 배에 오른 것은 방드르디였다. 방드르디는 타인-구조의 세계, 가능성의 세계이자 언어의 세계를 선택한다.

로뱅송은 방드르디의 실수로 화약들을 저장해 놓은 동굴이 폭발해 그나마 남아 있던 인간적 유물들이 완전히 파괴되자, 완전한 해방의 상태를 경험한다. 그는 자연 상태로 돌아가 희열을 느낀다. 타인-구조가 불필요한 상태. 이 상태를 희열이라고 부를 수도 있고 환각이라고 부를 수도 있으리라. 로뱅송의 여정을 통해서 들뢰즈는 물질과 사물에 이름을 붙이는 존재, 즉 주체-대상 구조에 충실한 존재가 아니라, 그 자신이 물질이 되고 그런 "순수 평면"에서 물질과 접속하는 존재를 강변한다. 모든 위계가 사라지고 난 뒤 도달하는 곳은 물질들의 잠재성만이 있는, 영광의 세계라고 그는 전한다.

③

감각과 말

살 또는 감각의 언어들

단어의 현상학적 의미

말은 몸짓이고 의미를 지향한다. 아직 표현되지 않은 의미는 언어적 몸짓에 의해 말이나 문장으로 세상에 출현한다. 말의 사용을 사전 속 단어들을 문법에 맞게 배열하여 머릿속의 생각을 전달하는 활동으로 이해한다면, 말의 사용에 창조성이란 전혀 없다. 하지만 앞서 이야기했듯이 말한다는 것은 아직 존재하지 않는 의미를 말로 포획하고 세상에 내놓는 것이기도 하다. 이러한 말, 몸짓으로서의 말은 그 자체가 하나의 표현으로서 의미를 수반한다는 점에서 예술적 활동과 공통점을 갖는다. 우리는 이 장에서 말을 그저 추상적인 기호가 아닌 그 자체로 감각을 표현할 수 있는 인간적 산물로 다룰 것이다. 이러한 관점은 특히 시와 같은 문학 작품을 이해할 때 더욱 유효하다.

우리는 '화가는 자신이 경험한 것이나 내면의 것에 형태를 주어 구상화나 추상화로 표현한다'는 말의 의미를 금세 이해한다. 그리고 화가가 표현하려던 것과 표현된 것 사이에 유사성이 있다고 믿는다. 무용처럼 곧바로 그 의미를 파악할 수 없는 예술에서도 관객은 무용가가 표현하려는 주제를 표현된 동작들을 통해서 짐작한다. 이렇듯 예술 작품들은 표현하려는 의미와 표현 사이에 간격이 없으며, 표현을 통해서만 우리는 그 의미와 만나게 된다. 그런데 다른 예술 작품들과 다르게 문학 작품에서는 표현된 것과 표현 사이에, 즉 의미와 언어기호 사이에 유사성이 없는 것처럼 보인다.

그런데 정말 그럴까? 이상하게도 우리는 "열정" 내지 "열기"라는 단어를 들을 때 우리의 몸속 어딘가가 뜨거워지는 느낌을 경험하고, "용기" 내지 "모험"이라는 단어를 들을 때 마음속 어딘가가 나를 일으켜 세우는 느낌을 경험한다. 이처럼 단어를 듣는 것만으로도 우리는 몸과 마음에 변화를 느낄 때 있다. 메를로퐁티는 언어의 특징 가운데 특히 말이 몸에 직접 작용하는 효과에 주목한다. 몸이 마음과 연결되어 있으며 그것이 정서나 감정으로 드러나기에, 말이 주는 효과는 주로 정서나 감정과 연관될 것이다.[*] 메를로퐁티가 심리학 실험을 빌려와 서술한 내용을 보자. 심리학 실험실에서 사람들에게 거의 찰나에 가까운 시간 동안 단어가 적힌 종이를 제시했을 때 사람들은 몸에서 변화를 느낀다. 예를 들어 '따뜻한'이라는 단어는 일종의 열기를 느끼게 하며 이러한 열기의 경험은 단어에 어떤 분위기를 준다. 반대로 '뭉친'이라는 단어는 사람들의 몸의 등

---

[*]   예를 들어 쓰라린 패배라는 은유적 표현에서 '쓰라린'이라는 말은
       몸에 가해지는 고통과 거의 등가적인 마음의 고통을 우리 안에 불러
       일으킨다.

과 어깨에 경직성을 유발하며, 단어에 또 다른 분위기를 준다. 단어가 얻는 이러한 분위기는 단어의 개념적 의미가 전혀 아니다. 단어가 주어지는 그 짧은 시간 동안 사람들이 개념적 이해에 앞서 몸이 가졌던 경험을 떠올리는 것이기 때문이다. 단어가 시각적이거나 청각적인 장 안에서 일정 형태를 가진 기호로서 포착되는 것은 2차적이다. 단어는 개념의 지표이기에 앞서 몸을 장악하는 하나의 사건이다. 그리고 몸에 대한 단어의 장악이 그 단어가 관계되는 의미작용의 영역을 그려낸다.[*]

다만 메를로퐁티는 이때의 몸의 열기를 실제적인 열기로 오인하지 말라고 덧붙인다. 그때의 열기는 내 몸의 잠재적 변화이다. 열기의 개념이 내 정신 속에서 상기되기 전에 내 몸이 먼저 그 의미를 알아차린 것이다. "열기에 준비되어 있고, 말하자면 열기의 형태를 그리는 것은 오직 내 몸이다."[**]

메를로퐁티는 은연중에 말이 가질 수 있는 의미작용을 구분하고 있다. 바로 우리의 일상적 언어 사용에서 이미 소유하고 있는 개념적 의미와 우리의 몸이 먼저 알아차리는 의미의 분위기다. 그리고 우리의 몸과 마음에, 정확

---

[*]   Maurice Merleau-Ponty, *La phénoménologie de la perception*, p. 272 참조.

[**]   위의 책, p. 272.

히는 태도와 느낌과 감정에 영향을 미치는 것은 단어나 문장이 갖고 있는 개념적 의미와 다른 후자의 살아 있는 의미다. 구연자가 목소리에 어조를 넣어서 이야기를 읽을 때 아이들은 자기도 모르게 이야기의 세계로 빠져들지 않는가? 이때 구연자가 발화하는 단어 하나하나는 아이들의 몸과 마음속에서 생명을 얻는다.

색깔을 지시하는 단어들은 색깔의 느낌을 불러일으키는데, 이 느낌은 색깔의 느낌을 넘어 관련된 의미들을 생산한다. "검은색은 감각적인 검은 성질이기보다는 캄캄한ténébreux 역량이다. 그것이 반사광들로 뒤덮여 있다 해도 말이다. 그 검은색은 오로지 도덕적 검음의 의미에서 보이는 것이다."[*] 메를로퐁티의 말처럼 많은 저자가 색깔의 은유를 사용해왔다. 괴테는 잿빛의 관념적 세계와 초록빛의 자연 세계를 말했으며, 일상어 중에 붉은 악마, 어두운 낯빛, 암흑 속의 흉악범 등의 표현은 색깔을 나타내는 언어기호가 함축하는 또 다른 의미를 드러낸다. 이러한 의미는 언어기호가 개념적 의미만 지닌다고 전제한다면 결코 이해할 수 없는 종류의 것이다. 메를로퐁티는 언어에서 개념적 의미만을 추구한다면 언어가 지닌 원초적이고 생생한 의미를 잊게 된다고 말한다. 현상학적 관점에서 중요

---

[*]   Maurice Merleau-Ponty, *La phénoménologie de la perception*, p. 352.

한 것은 후자의 의미이며, 그렇게 말과 언어는 개념적 의미 너머의 의미를 지니고 있다.

　메를로퐁티는 《의미와 무의미》에서 철학과 문학의 차이를 각자가 다루는 의미의 차이로 설명한다. 철학이 이념을 대상으로 삼아 서술하고 있다면 문학은 이러한 이념의 '살chair'을 서술하고 있다. 다시 말해 문학은 인간들의 이야기와 역사, 인간과 인간의 마주침들을 통해서 이념에 살을 입힌다. 메를로퐁티는 19세기 이전까지의 철학이란 명제와 논증 들로 이루어져 있었기 때문에 문학과의 접점을 찾기 어려웠지만, 19세기 말 이후 철학은 문학과 긴밀한 관계를 맺기 시작한다고 말한다. 이는 개념적 의미와 체험적(살적) 의미가 만날 수 있는 상황이 만들어졌기 때문일 것이다. 자유와 사상을 중요시했던 "스탕달은 이데올로기를 믿는 자들을 찬양했고, 발자크는 신체와 정신, 경제와 문명이 서로를 표현하는 관계들을 정신주의의 언어로 표현함으로써 자신의 시각들을 그러한 관계들에 연루시킨다. 프루스트는 시간에 대한 자신의 직관을 때로는 상대주의적이고 회의론적인 철학으로 옮기고, 때로는 시간을 변형시키는 불멸에 대한 희망들로 번역한다."* 문학에

***

* Maurice Merleau-Ponty, *Le sens et non-sens*, Gallimard, 1996, 1er Edition Nagel, 1966, p. 35.

서 이념들에 살을 입히는 문장들은 플라톤이 '정의'를 논증하는 《국가》의 문장들이나 아리스토텔레스가 '행복'과 '덕'을 논증하는 《니코마코스 윤리학》의 문장들, 데카르트가 사유와 연장, 영혼과 신체의 이원론을 논증하는 《성찰》의 문장들과 다르다. 메를로퐁티는 소설에는 철학에서 주장하는 형이상학과 다른 형이상학이 존재하며, 이것은 "인간 경험의 바깥—신 또는 보편적 의식—에 있는 것이 아니라 인간 존재와 인간 간의 사랑과 증오, 개인의 역사와 집단의 역사"*에서, 이를테면 인간들이 구성하는 이야기에서 발견된다고 말한다.

이처럼 언어는 개념적 의미만을 전달하는 게 아니라 몸의 변화나 잠재적 체험을 이끌어내는 생생한 의미도 전달한다. 이는 말이 세상으로 향하고 세상과 마주하는 인간의 몸짓으로부터 본래적으로 생성되기 때문이고, 문장들은 인간과 세계의 마주침, 인간과 인간의 마주침들에 의해 써진 이야기들로 이루어져 있기 때문이다. 그리하여 메를로퐁티는 말과 문장에는 이성적이고 개념적인 논리와는 다른 논리, 경험이 이미 함축하고 있는 논리가 감춰져 있다고 말한다. 그리고 이것을 전자의 논리인 '말해진 논리logos prophorikos'와 비교해서 '말해지지 않은 논리logos

---

*   Maurice Merleau-Ponty, *Le sens et non-sens*, p. 36.

endiathetos'라고 명명한다.[*] 하지만 이 두 논리를 대립되는 것으로 보아서는 안 된다. 말해지지 않은 논리인 체험된 논리는 말해진 논리인 개념적 논리의 보이지 않는 토대처럼 작동하고 있다.

메를로퐁티는 체험된 논리를 강조하면서 말과 언어, 문장들의 새로운 의미(이미 체험하고 있지만 표현되지 않았던 의미)를 발굴한다. 그런데 그는 여기서 멈추지 않고 감각적 몸과 감각적 세계 간의 공통 요소인 '감각'에 집중한다. '감각'이란 무엇일까? 감각에는 논리라는 게 없을까? 그리하여 메를로퐁티는 서서히 현상학에서 감각의 존재론으로 이행한다. 그는 주체와 대상, 몸과 세계의 이분법을 허물 수 있는 존재론으로 향한다. 감각들 가운데 특히 촉각은 감각하는 주체와 감각하는 대상의 구분이 모호해지는 감각으로서, 메를로퐁티는 이러한 촉각의 속성에서 힌트를 얻어 '살chair' 존재론이라는 전대미문의 존재론을 이끌어낸다. 인간이 살로 이루어져 있듯이 인간이 감각하는 모든 것이 살로 이루어져 있다는 것이 살 존재론의 요점이다. '모든 것이 살'이라는 말 때문에 세계에 존재하는 모든 것이 뒤죽박죽 뒤섞여 있다고 이해할지도 모른다는 우려

---

[*]   이러한 구분은 원래 스토아 학파의 구분이다. 스토아 학파는 '말해지지 않은 논리'를 언어화되지 않은 내면의 논리로, '말해진 논리'를 언어화된 논리로 정의한다.

에 메를로퐁티는 존재론적 살은 무차별적이지 않다는 말을 덧붙인다. 존재론적 살은 논리를 가지고 있으며 이 논리는 방금 말했던 말해지지 않은 논리이지만, 우리의 모든 감각적 경험을 떠받치고 있다. 그것을 메를로퐁티는 키아즘chiasme이라고 명명한다. 인간의 모든 표현 활동이 자신이 속한 감각적 세계에서 생겨나는 한, 키아즘은 모든 표현들 속에서 원리적으로 작동하고 있다.

감각의 존재론: 살과 키아즘

살과 함께 우리는 촉각적 경험을 떠올리지만, 동시에 에로스적 경험도 떠올린다. 만지고 만져지는 두 몸 사이에 작동하는 것은 일차적으로는 촉각이지만, 정서적으로 경험될 때 촉각은 에로스적 의미를 갖게 될 것이다. 다만 메를로퐁티가 감각적 살을 이야기할 때 에로스적 의미는 전혀 부각되지 않는다. 오히려 그것을 부각시킨 철학자는 메를로퐁티의 친구이자 학문적 동료였던 사르트르였다. 사르트르는 《존재와 무》에서 한 인간의 신체corps가 살chair(혹은 육체)이 되는 순간을 묘사한다. 연인이 서로를 애무할 때 이 둘은 처음에는 두 주체로서, 능동적으로 행위하는 주체로서 시작하지만 어느 순간에 이르러 두 신체는 하나가 된다. 그리하여 누가 누구인지 알 수 없는 뒤섞임의 상태인 살이 된다. 메를로퐁티가 감각적 살의 존재론에서 수용하지 않았던 것이 그런 뒤섞임, 무차별이다. 감각의 주체가 다른 누군가를 만질 때 그가 만지는 자인지 만져지는 자인지를 알 수 없는 순간은 온다. 하지만 이 순간은 완전한 융화나 뒤섞임을 의미하는 게 아니라, 촉각적 경험 속에서 나의 신체가 감각의 주체가 될 수도 있고 감각의 대상이 될 수도 있음을 의미하는 것이다. 이것이 바로 살의 논리다. 주체와 대상이 뒤섞이지 않은 상태에서 서로의 자리를 바꿀 수 있다는 것이다. 이를 시각 경험에 적용한다면, 본다는 것은 보는 자가 언제든 보이는 것이 될 수 있고 반대로 보이는 것이 언제든 보는 자가 될 수 있다. 이는 인간이 보는 자로서의 절대적 힘을 영원히 보유할 수 없다는 것을, 보이는 것들에 의해 보는 자로서의 자신의 위치를 상실할 수 있다는 것을 의미한다.

회화에 바치는 헌정처럼 읽히기도 하는 《눈과 정신》에서 메를로퐁티는 풍경을 그리기 위해 숲에 들어간 한 화가가 자신이 숲에 의해 응시되고 있는 듯한 경험을 했다는 일화를 소개한다. 비단 예술가들만이 아니라 일반인들도 때로 사물에 의해 응시되고 있다는 느낌, 보는 자로서의 힘을 놓게 되는 순간을 경험할 때가 있다. 메를로퐁티는 이러한 경험을 하게 되는 것은 '봄vision'이건 '만짐toucher'이건 모든 감각적인 존재들 가운데에서 발생하는 일이기 때문이라고 말한다. 보는 자는 가시적 사물들과 분리되어 있을 때가 아니라 그것들 가운데 있게 될 때, 보는 자이면서 보이는 것인 자기를 경험한다. 그리고 그때 진정한 봄이 일어난다.

> 우리를 둘러싼 보이는 것은 자기 안에 머물러 있는 것처럼 보인다. 우리의 봄은 보이는 것의 중심에서 만들어지거나, 보이는 것과 우리 사이에 바다와 해변의 교제와 같은 밀접한 교제가 있는 것처럼 보인다.[*]

> 우리는 보는 자와 보이는 것의 그런 낯선 점착과 함께 정확히 무엇을 발견하는지를 물어야 할 것이다. 봄, 만짐이 일어나는 것은 보이는 어떤 것, 만져지는 어떤 것이 자신이 속해 있는 보이는 모든 것들, 만져지는 모든 것들에게서 등을 돌릴 때이거나 갑자기 그것들에 의해 둘러싸인 자신을 발견할 때이다.[**]

우리가 감각적인 존재로서 감각적인 사물들 가운데에 놓이게 될 때, 사물들은 우리의 눈이 의도한 것 이상의

---

[*]   Maurice Merleau-Ponty, *Le visible et l'invisible*, Gallimard, 1964, p. 171

[**]   위의 책, pp. 180~181.

것을 우리에게 보여준다. 다시 말해 인간의 눈이 절대적 권력을 놓아버렸을 때, 자연의 사물들이 다채로운 모습으로 나타날 수 있다. 보이는 것과 보이지 않는 것, 만지는 것과 만져지는 것의 이러한 교차와 가역성이 바로 살의 내적 논리인 키아즘이다.

키아즘은 원래 수사학에서 사용되는 용어다. 그리스어 X(khi)의 교차적 형상 때문에 이름을 얻게 된 키아즘은 하나의 문장이나 문장들 전체 속에서 교차 효과에 의해 생성되는 의미를 활용한 수사학 기법이다. 다음은 키아즘이 사용된 문장들이다.

북쪽에서는 눈이 남쪽에서는 모래가. (빅토르 위고)

먹기 위해서 사는 게 아니라 살기 위해서 먹어야 한다. (몰리에르)

다른 사람들이 간단하게 살게 하기 위해서 간단하게 살아야 한다. (간디)

천국에 머물고 그곳에서 악마가 되는 것, 지옥으로 들어가 그곳에서 천사가 되는 것! (빅토르 위고)

전쟁은 더 큰 힘과 부를 얻기 위해 권력을 가진 자들이 일으키고 권력을 갖지 못한 자들이 서로 싸우는 것이다.

키아즘은 의미·음운·문법상으로 다양하게 분류되지만 지금 그런 세부적인 것들까지 다룰 필요는 없어 보인다. 우리는 메를로퐁티가 살 존재론에 키아즘을 들여오는 이유가 얽힘과 교차의 효과 때문이라는 것만을 이해하면 된다. 즉 살 존재론 안에서의 키아즘은 다음과 같다.

보는 자와 보이는 것의 교차와 서로 얽힘에 의한 봄
만지는 자와 만져지는 것의 교차와 서로 얽힘에 의한 만짐

이러한 교차와 얽힘은 인간과 세계, 나와 타인에서만이 아니라 빛과 물, 물과 바람, 파란색과 붉은색 등 감각적인 모든 존재들 사이에서 일어난다. 감각적 존재들은 키아즘이라는 어떤 논리에 의해 직물처럼 짜여 있다.

메를로퐁티는 감각적인 모든 것들이 교차-얽힘 가운데 있다는 의미에서 존재론적인 '살'을 이야기한다. 따라서 살은 초월적이거나 형이상학적인 것이 아니라 우리의 생생한 실제 경험 속에 퍼져 있다.

감각의 언어

일단 살의 존재론 안으로 발을 들여놓은 순간 이제까지 보았던 감각적인 것들은 인간에게 다른 방식으로, 더욱 다채롭고 풍요로운 방식으로 나타난다. 살의 직조 안에는 모든 감각적인 것들이 서로 만나고 영향을 주고받으면서 나타나고 있기 때문이다.

메를로퐁티는 《눈과 정신》에서 빛과 물과 바람과 반사와 나무의 이파리들이 만나는 시각적 광경을 묘사한다. 글만으로도 광경이 펼쳐지는 듯한 그 구절들을 읽어보자. 좀 긴 인용문이지만 옮겨올 가치가 있다.

일단 있게 되자마자, 그것[예술]은 잠들어 있는 능력의 평범한 봄vision 안에서 선先존재의 비밀을 깨어나게 한다. 내가 물의 두께를 통과해서 수영장 바닥의 타일을 볼 때, 나는 물과 반사에도 불구하고 물을 보는 게 아니라 정확히 그것들을 통해서, 그것들에 의해서 물을 본다. 그러한 뒤틀림들과 태양의 잔물결들이 없다면, 내가 이러한 살 없이 수영장 바닥 타일의 기하학을 본다면, 그때 나는 그것을 있는 그 자체로, 그것이 있는 바로 거기에서, 나아가 확인 가능한 장소보다 멀리까지 보는 것을 멈추는 것이리라. 물 그 자체, 물의 수성水性적 역능, 시럽 같은 반짝거리는 요소. 나는 물이 공간 안에 있다고 말할 수 없다. 그것은 다른 곳에 있지 않지만 수영장에 있는 것도 아니다. 물은 수영장에 거주한다. 물은 거기서 물질화된다. 그것은 수영장 안에 들어 있지 않으며, 내가 반사들의 망이 유희하는 측백나무들의 화면을 향해 두 눈을 올려 본다면, 나는 물이 그곳을 방문한다거나 적어도 거기에 자신의 활동적이고 생생한 본질을 보낸다는 것을 부인할 수 없다. 화가가 깊이와 공간과 색깔의 이름으로 추구하는 것은 가시적인 것의 이러한 내적 활성화, 이러한 방사rayonnement이다.[*]

평범한 눈으로 바라보는 수영장 풍경은 타일이 깔린 사각형의 수영장에 무색투명한 액체인 물이 담겨 있고 그 옆에는 측백나무들이 서 있을 것이다. 다시 말해 각각의 사물들은 독립적으로 분리되어 그저 객관적 공간을 채우고 있을 것이다. 하지만 화가의 눈에는 감각적 사물들이 서로 영향을 주고받으면서 자신의 감각적 가치를 발산하고 있는 것이 보인다. 수영장과 물, 그리고 이것을 둘러싼 모든 것들이 빛과 바람과 함께 감각적인 얽힘과 교차 속에서 자신을 드러내고 있는 것이다.

[*]   Maurice Merleau-Ponty, *L'oeil et l'esprit*, Gallimard, 1964, pp. 70~71, 괄호는 인용자.

영국의 화가 데이비드 호크니는 마치 메를로퐁티의 이 글을 읽었던 것처럼 눈앞에 펼쳐지는 감각적인 것들을 잘 표현하는 작가다. 그의 그림에는 수영장의 물이 바람과 빛과 만나 물결의 무늬를 이루는 것이 생생하게 묘사되어 있다. 물과 빛과 주변의 나무들이 만나 물속에 어두운 그림자를 드리우는 모습, 한 사람이 다이빙으로 물속으로 들어간 듯 충격을 받은 물이 물줄기를 솟아올리는 광경을 한 폭의 그림에서 묘사한다. 그의 그림 속 대상들 중에는 다른 감각적 요소들과의 교차 속에서 자신을 나타내지 않는 것이 없다.

감각적인 것들의 얽힘과 교차를 화가들만 볼 수 있었던 것은 아니었다. 메를로퐁티는 《보이는 것과 보이지 않는 것》의 '얽힘-교차' 장에서 프랑스 시인 폴 클로델의 시구를 소개하는데, 감각적인 것의 얽힘과 교차가 어떻게 수사학에서의 키아즘과 곧바로 연결될 수 있는지를 잘 보여준다. 클로델은 "바다의 어떤 파랑은 지나치게 파래서 피가 지나치게 빨간 것만큼이나 파랗다"라는 구절을 쓴다. 클로델은 바다의 파랑을 단지 바다의 속성으로서 파랑이나 색의 객관적 성질인 파랑으로서가 아니라 온갖 의미를 가질 수 있는 파랑으로 바라보며, 시를 통해 파랑이 피의 빨강과 비교될 때의 인상을 지닌 파랑으로 나타날 수 있음을 표현하고 있다. 클로델의 시구에서 바다의 파랑은 우리에게 또 다른 파랑의 체험적 의미를 상기시키고 알려준다.

색은 감각적인 것들 가운데 탁월하게 살의 존재론적 파장을 일으키는 것이어서, 앞서 바다의 파랑과 피의 빨강의 얽힘-교차 말고도 다른 감각들과의 교차에 의해서도 그것이 가진 풍요로움과 깊이를 드러낸다. "빨간 원피스는 섬유 한 가닥 한 가닥이 보이는 것의 직조와 관계하고 있으며" 이것은 다시 "지붕의 벽돌, 건널목지기의 깃발, 혁명의 깃발, 엑스 부근이나 마다가스카르의 어떤 대지들을 모두 포함하는 붉은 것의 장場 가운데" 하나의 매듭이고, 또한 이 빨간 원피스는 "여인의 옷과 함께 교수들의 옷, 주교들의 옷, 차장검사들의 옷을 거느린 붉은 옷들의 장場 가운데" 하나의 매듭이다.* 이 문장들에서 빨강은 단단하고 해체 불가능한 동일한 성질일 수가 없다. 그것은 때로는 혁명의 깃발 아래 1917년 혁명의 본질이 되거나, 여성의 빨간 드레스와 함께 여성의 순수한 본질이 되거나, 선술집들을 휩쓸고 다녔던 집시들의 본질이 될 수 있다.

우리는 어떤 음악을 들으면서 그것이 내 마음을 표현해주는 듯한 인상을 받을 때가 있다. 이는 내면적인 것과 음악 간에도 교차하는 의미가 생성되기 때문이다. 프루스트의 《잃어버린 시간을 찾아서》의 〈스완의 사랑〉에서 스완은 오데트가 연주하는 뱅퇴유의 소악절을 들으면서 오데트에

* Maurice Merleau-Ponty, *Le visible et l'invisible*, pp. 172~173.

대한 사랑을 위한 마음의 공간이 열리는 것을 느낀다. "그런데 스완이 소악절을 듣자마자 이 소악절은 스완에게 꼭 필요한 공간을 마련해줄 수 있었으며, 스완의 영혼 안에서 비례가 변화했다. 외부의 어떤 대상으로도 향하지 않았던 향유를 위해 모종의 여백이 마련되었다. 이러한 향유는 사랑의 향유처럼 순전히 개인적인 것이 아니라, 마치 구체적인 사물들보다 위에 놓인 현실처럼 스완에게 주어졌다."*

그는 뱅퇴유의 소악절 연주에 마음을 뺏기면서 이전에 느껴보지 못한 여유와 쾌락을 느낀다. 그리고 이 여유와 쾌락은 그의 마음속에 생겨나고 있는 오데트에 대한 사랑과 만난다. 그에게 사랑은 순전히 개인적인 것, 순전히 내면적이어서 어떤 표현의 출구도 찾지 못하는 것이 아니라, 말로 표현될 수 없는 관념이 음악으로 표현되는 것처럼 뱅퇴유의 소악절과 함께 어떤 현실처럼 그에게 나타난다.

살의 언어가 감각적인 것들의 마주침, 나와 타인의 마주침에서 나올 수 있는 것이라면, 이러한 언어로 이루어진 문학은 마찬가지로 감각적 살의 요소들로 만들어진 예술작품들과 비교될 수 있다.

언어를 산문적 언어와 시적 언어로 구분한다면, 전자

---

*   Marcel Proust, *À la recherche du temps perdu* Ⅱ [E-book], Du côté de chez Swann, Gallimard, 1947, p. 41.

의 언어는 일상적인 말, 수다, 반복된 말, 이미 의미가 확정된 것을 다시 서술하기만 할 뿐인 언어를 말하며, 후자의 언어는 창조적인 말, 우연한 마주침들에 의해 새로운 의미를 생성시키는 언어를 의미한다. 메를로퐁티가 추구하는 것은 후자의 언어다. 심지어 그는 철학자의 언어는 화가의 언어를 닮아야 한다고까지 말한다.

감각, 예술, 사랑, 해독해야 하는 기호

들뢰즈의 기호

언어 활동은 말과 문자라는 매체를 통해 청각과 시각에 도달한다. 인쇄술이 발명된 이후 사람들은 음성언어보다는 문자언어가 본질적인 언어라고 생각하기 시작했다. 인간에게 사유는 본질적인 것이며, 일시적이지도 소멸하지도 않는 영원한 사유를 전달하는 데에는 음성언어보다 문자언어가 더 적합하다고 판단했으리라. 그런데 영원한 사유는 염원하는 사유의 형태이고 목적이지 현실이 아닌 것은 아닐까? 게다가 인간은 문자언어로 자신의 생각을 소통하는 시간보다 음성언어로 자신의 생각을 전달하는 시간이 더 많을 것이다. 게다가 추상적 기호인 문자언어보다는 어조와 억양이 담긴 생생한 음성언어가 더 많은 의미를 전달할지도 모른다.

하지만 또 반대의 질문을 던질 수 있다. 문자언어는 생생함을 잃어버린 차가운 언어일까? 문자언어는 오직 영원불변하는 사유를 전달하도록 준비된 언어일까? 우리는 바로 앞에서 현상학자 메를로퐁티가 단어와 써진 문장들에서 감각적 요소들을 발굴해내는 것을 보았다. 그는 문자로 된 단어가 우리 몸에 가져오는 변화에 주목하고, 키아즘적 표현이 문자 그대로의 의미 이상의 의미들을 이끌어낼 수 있다는 것을, 자신의 감각적 존재론에 근거해서 증언하고 있다. 그런데 추상적인 문자언어에서 감각적 기호를 발견했던 또 다른 프랑스의 철학자가 있다. 메를로퐁티보다 한 세대 정도 뒤에, 프랑스 철학계에 이단아처럼 등장하면서 세계적으로 알려진 질 들뢰즈이다. 들뢰즈는 그만의 방식으로 기호에 함축된 감각성 내지 질료적 측면을 강조하고 기호를 새롭게 이해하고자 시도한다. 그가 자신의 기호론을 세우기 위해 선택한 작품은 프루스트의 《잃어버린 시간을 찾아서》다. 그는 이 책을 꼼꼼하게 독서하면서 자신의 기호론을 확립한다.

우리는 한 언어기호에 이미 정해져 있는 의미를 연결시킨다. 하지만 엄밀히 말해서 이러한 연결을 가능하게 하는 것은 습관이다. 즉 규범적이고 제도적인 언어와 인간의 습관이 만났을 때 언어활동이 가능해진다. 하지만 모든 기호가 언어처럼 관습적이고 제도화되어 있지는 않다. 예를 들어 보통 사람들에게 나무는 '시원한 그늘을 만들어주는 것', '수확의 계절이 오면 열매를 맺는 것'으로 경험되지만, 목수에게는 해독해야 하는 하나의 기호가 될 것이다. 그는 나무의 결, 나무의 나이, 나무의 무름 정도에 따라 나무를 판단하게 될 것이다. 그에게 나무는 알아야 할 것들을 담지하고 있는 기호로서 존재하게 될 것이다. 들뢰즈는 목수에게 나무가 그러하듯, 기호란 우리가 해독하면서 의미를 배워 나가야 하는 것이라고 말한다.

들뢰즈는 배운다는 것 자체가 필연적으로 기호와 관계된다고 말한다. 기호는 어떤 추상적인 대상이 아니라, 시간을 들여 알아나가야 하는 대상이다. 어떤 물질·대상·존재를 우리가 해석해야 할 기호를 방출하는 무언가로 여기는 것이 곧 배우는 것이다.* 목수는 나무가 방출하는 기호 발견하고 해독하여 의미를 배우고, 의사는 환자가 내보내는 증상의 기호를 해독하여 병을 파악한다. 마치 수수께끼 같은 고대 이집트의 상형문자를 해독하기 위해 기호에 천착하는 견습 해독가처럼 말이다.

우리는 기호에 대해, 특히 언어기호에 대해 인간이 기

---

*   질 들뢰즈, 《프루스트와 기호들》, 서동욱 옮김, 민음사, 2004, 23쪽 참조.

호를 만들었다고 생각한다. 그러니 동물은 언어를 갖지 않고 인간만이 언어를 가진다고 이야기하는 것 아니겠는가? 그런데 들뢰즈는 기호들이 어떤 물질·대상·존재들로부터 방출된다고 적는다. 목수에게 '나무'가 '나무'라는 단어의 개념으로서가 아니라 해독하고 해석해야 하는 기호처럼 존재한다는 것은 목수가 나무에 대한 지각·감각적 경험을 통해서 나무를 배워간다는 것이고, 역으로 기호로서 작동하는 사물은 가능한 의미들을 생성해내고 있다는 것이다.

감각의 기호

《프루스트와 기호들》에서 들뢰즈는 기호에 대한 정의를 새롭게 내린 다음 프루스트의 소설에서 여러 유형의 기호들을 구분하고 각 기호의 특징들을 밝혀낸다.

프루스트의 《잃어버린 시간을 찾아서》에 나오는 '마들렌' 냄새는 너무나 유명해서 소개할 필요가 없을 정도이다. 그래도 간단히 적어보자면, 소설 속 화자가 홍차에 적신 마들렌을 맛보는 순간 과거의 기억이 송두리째 떠올랐다는 내용이다.

곧바로 나는, 우울한 하루와 서글픈 내일에 대한 전망으로 내리눌린 채, 마들렌 조각들이 물렁하게 섞인 홍차한 숟가락을 압술로 가져갔다. 그런데 작은 빵 조각들이 섞인 한 모금의 홍차가 내 입천장에 닿는 순간, 내 안에서 놀라운 일이 일어나고 있다는 사실을 깨닫고 몸을 떨었다. 분명한 이유 없이, 어떤 감미로운 쾌락이 내게 몰려와 나를 고립시켰다.[*]

화자는 이 알 수 없는 감미로운 기쁨의 정체를 궁금해한다. 어쨌든 그것은 홍차와 과자의 맛과 관련이 있다. 하지만 이 맛을 넘어서는 무언가이다. 그러다가 화자는 정신을 모두 비우고서야 어떤 추억을 갑자기 떠올린다. 그것은 콩브레에서 지내던 어린 시절, 일요일 아침마다 레오니이모가 홍차나 보리수 차에 적셔 주던 마들렌 조각의 맛이었다. 갑자기 떠오른 기억과 함께 그의 머릿속에는 콩브레에서 지냈던 과거의 추억이 송두리째 상기된다.

홍차에 적셔진 마들렌의 맛은 분명 감각적 경험이지만, 현재 그 감각적 경험은 콩브레에서 지냈던 과거에 대한 추억의 기호가 되고 있다. 그래서 기호가 된 마들렌의 맛은 감각적 의미 이상의 것을 화자에게 돌려주는 것이다. 그저 한 조각의 마들렌의 맛이 과거 화자가 살던 집 정원

[*]   Marcel Proust, *À la recherche du temps perduI* [E-book], Du côté de chez Swann, Gallimard, 1947, p. 95.

의 꽃들, 스완의 정원의 꽃들, 콩브레와 근방 마을과 정원의 모습 등 과거의 기억을 줄줄이 끌어온다.

이렇듯 감각의 기호는 불현듯 솟아오르는 과거의 모든 추억을 불러온다. 감각의 한 단편에서 포착되는 이러한 기호는 소설에 나오는 사교계의 기호와 정반대라고 할 수 있는데, 사교계의 기호는 관습적이고 고정되어서 감각과 무관하기 때문이다. 화자는 오래 떠나 있던 게르망트 부인의 살롱을 다시 찾는다. 오랜만에 다시 찾은 살롱의 사람들은 여전하면서도 달랐다. 그는 살롱 안에서의 사교계가 가면무도회와 같다고 느낀다. 대화할 때의 어법이나 몸짓 등 당사자가 그 속에 속해 있음을 입증해 주는 사교계 기호들 때문이다. 따라서 사교계의 기호를 알지 못하는 사람은 사교계로 들어올 수 없다. 멀리 떠나 있던 주인공이 게르망트 부인의 살롱을 다시 찾았을 때, 사교계의 사람들도 여전했고 사교계의 기호도 여전했다. 하지만 그들은 늙었고 더 이상 예전의 모습이 아니었다. 그래서 화자는 달라진 얼굴들을 하고 같은 기호를 교환하는 그 사람들이 가면을 쓰고 있다는 느낌을 받는다. 시간을 통과하는 실제적 변화와 무관한 사교계의 기호는 한 시절의 추억을 그때 그대로 소환하는 감각의 기호와 전혀 다른 것이다.

프루스트의 소설에는 감각의 기호들이 여럿 등장한다. '포석'의 기호와 '종탑'의 기호가 그런 것인데, 화자는 도시 바알베크에서 길을 걷다가 포석 위에서 균형을 잃고 잠시 기우뚱한 뒤, 어머니와 베니스를 방문했을 때의 추억을 상기해낸다. 포석은 베니스의 추억을 소환하는 감각의 기호로서 작동하고 있다.

우리는 감각적 기호만큼이나 중요한 추억과 기억*의 작용을 눈여겨볼 필요가 있다. 마들렌의 맛은 콩브레의 추억을 소환하는 기호이다. 추억의 소환은 비자발적으로만 이루어진다. 그래서 프루스트는 마들렌을 먹은 다음 기쁨의 이유를 찾다가 추억이 떠오르는 순간을 머릿속이 텅 빈 것 같아지는 순간으로 묘사하는 것이다. 콩브레의 추억은 지성적 작용에 의해 소환되는 것이 아니다. 마들렌의 맛이 지닌 유사성이 이 맛과 인접해 있던 과거의 추억을 떠올리게 하고 꼭꼭 접혀 있던 기억이 활짝 펼쳐지듯이 추억의 풍경을 풀어놓았던 것이다.

홍차에 적신 마들렌에 의해 상기된 비자발적인 기억은 언뜻 과거 콩브레에서 느꼈던 마들렌 맛과 추억을 소환하는 현재의 마들렌 맛이라는 두 감각 또는 두 순간 사이의 유사성에 의거해서 생겨난 것처럼 보인다. 하지만 여기에는 유사성 이상의 것이 있다. 거기에는 두 감각에 공통

---

* 프랑스어에서 추억souvenir과 기억mémoire은 의미상 차이가 있다. 전자는 개별적이고 구체적인 에피소드들을 지시하는 것이지만 후자는 일종의 덩어리처럼 모아진 것, 추상적인 것을 지시한다.

된 어떤 성질의 '동일성', 또는 두 순간에 공통적인 어떤 감각의 '동일성'이 존재한다. 그렇기 때문에 현재의 마들렌 맛이 동일한 하나의 기호가 되어 추억을 소환해내는 것이다. 감각의 이러한 동일성은 또한 시간에 걸쳐서 작동한다는 점에서 지속을 포함하고 있다. 한편 여기서 마들렌만을 감각의 순수한 동일성으로 볼 수는 없다. 이 맛은 자신의 지속 안에 '다른 것', 즉 콩브레와의 관계를 함축하고 있기 때문이다. 마들렌 맛은 이것과 관련된 맥락을 정신 속에 내면화함으로써 과거의 맥락을 현재의 감각과 떨어질 수 없게 만든다.*

마들렌의 맛은 유사하거나 심지어 과거와 동일할지언정, 이 맛이 상기시킨 콩브레는 과거의 콩브레이다. 지금의 콩브레는 추억 속 콩브레와 유사할 수 없다. 비자발적 기억에 의한 감각의 기호는 현재와의 차이 속에서 영원히 남아 있는 과거를 강조한다.

우리는 과거의 추억이 깃든 장소를 일부러 다시 방문한 뒤 '내가 생각했던 모습은 이런 게 아니었는데'라고 탄식하곤 한다. 이를 우리가 추억을 윤색하고 꾸미고 왜곡시키기 때문이라고 말할 수도 있겠다. 그런데 들뢰즈의 감각의 기호의 관점에서 보면, 변한 것은 현재이고 과거의 추

---

* 질 들뢰즈, 앞의 책, 99쪽 참조.

억이 영원히 변하지 않고 동일하게 남아 있다.

비자발적 추억과 연결된 감각의 기호는 어쨌든 기호의 물질성과 떨어뜨려 생각할 수 없다. 마들렌의 맛은 과거에도 현재에도 기호로서 작용하며, 그렇게 소환된 콩브레도 실제로 존재하는 장소이다. 반면에 예술의 기호는 '비非물질적'이다. 예술의 기호는 오히려 물질을 잊게 만든다.

예술의 기호

들뢰즈는 감각의 기호, 예술의 기호, 사랑의 기호를 프루스트 소설에서 찾아낸 다음, 그 가운데 가장 우월한 것이 예술의 기호라고 말한다. 이는 다른 두 기호가 물질성에 감싸여 있거나 물질성을 벗어나지 못하는 반면, 예술의 기호는 물질성으로부터 해방되어 있기 때문이다. 회화 작품을 보면서 캔버스의 질감이나 물감에 집착하면 작품의 의미를 이해하지 못할 것이며 음악을 들으면서 소리에 집착하면 음악적 의미를 이해하지 못할 것이다.

들뢰즈는 예술의 세계야말로 기호들의 궁극적인 세계라고 말한다. 예술의 세계에서 기호들은 물질성을 벗고 관념적 본질 속에서 자신의 의미를 찾는다.* 이러한 들뢰

* 질 들뢰즈, 앞의 책, 37쪽 참조.

즈의 말을 따라서 《잃어버린 시간을 찾아서》에 나오는 여배우 라 베르마가 연기하는 장 라신의 연극 (페드라)를 살펴보자. 그녀는 기계적이고 정확히 분절된 목소리로 대사를 말한다. 연기하는 동안 그녀는 이미 페드라이며, 그녀의 몸짓, 목소리 등 일체의 표현들은 그녀가 페드라로 변신하기 위해 원래 그녀가 가졌던 몸짓, 목소리의 물질적 요소들을 잃어버린다. 라 베르마의 물질성은 오롯이 페드라의 영혼을 위해 바쳐진다. 프루스트는 배우 라 베르마의 목소리에는 정신이 깃들지 않은, 영적인 무언가를 담지 않은 순수물질의 찌꺼기는 전혀 남아 있지 않다고 묘사한다.

마찬가지로 콘서트홀에서 오케스트라의 멋진 연주를 들을 때, 우리는 음악에 깃든 의미가 우리의 영혼 전부를 사로잡는다고 느낀다. 음악에 완전히 빠져 있을 때, 콘서트홀이나 연주자들의 시각적 광경은 아무런 힘을 발휘하지 못하고 오로지 음악의 의미를 위해 모든 자리를 내어준다. 프루스트는 이러한 연주자들의 모습을 마치 음악을 연주하고 있다기보다 음악의 강요에 의해, 음악이 나타나는 데 필요한 의식을 거행하고 있는 것처럼 보인다고 묘사한다.

예술 기호는 기호와 의미의 완전한 일치를 보여준다. 이는 메를로퐁티가 모든 표현이 표현된 것(의미)과 일치한다고 표현을 정의한 방식과 같다. 그리고 예술적 의미가 예술의 기호, 즉 작품과 일치하면서 드러나는 것이라면, 그것은 매번 차이를 가지고 드러날 수밖에 없다. 음악의 의미는 모차르트의 소나타, 베토벤의 교향곡, 그리고 쇼팽의 피아노곡과 함께 차이를 가지고 드러나고, 나아가 곡들이 연주될 때마다 차이를 가지고 드러난다. 다만 그것이 진정 음악의 의미라면, 그때 예술작품의 물질성은 완전히 사라지고 오로지 의미만을 전달해야 한다. 그런 의미에서 들뢰즈는 본질을 궁극적이고 절대적인 차이라고 말한다.

이러한 예술의 기호는 '되찾은 시간'이다. 즉 본질과 다시 만나는 순간이다. 감각의 기호가 '잃어버린 시간'을 드러내 보여준다면, 예술의 기호는 더욱더 근원적인 시간을 되찾게 해준다.

사랑의 기호

앵거스 플레처는 《우리는 지금 문학이 필요하다》에서 문학에서 감정들을 가지고 만들어내는 일종의 발명품들을 소개한다. 예를 들어 두려움을 없애고 용기를 만들어내는 발명품, 마음의 평화를 만들어내는 발명품 등 문학에서 찾을 수 있는 발명품들은 다양하다. 플레처는 사랑을 주제로 하는 로맨스 문학에서는 주로 자기고백의 발명품을 발견할 수 있으며, 사랑과 같은 긍정적인 감정을 깨우기 위한 발명품도 문학에서 발굴해낼 수 있다고 말한다. 한편 들뢰즈에게 문학은 경험 속에서의 기호들을 포착하고 보여주는 것이다. 그럼 들뢰즈에게 사랑의 기호는 어떤 것인지 살펴보자.

들뢰즈는 어떻게 사랑이 발생하는지를 먼저 묻는다. 그것은 정말로 우연한 마주침이다. 거기에는 이유가 없다. 프루스트의 《잃어버린 시간을 찾아서》의 화자가 여러 소녀 중 유독 알베르틴을 사랑하게 되었던 것에는 아무런 이유가 없다. 알베르틴은 그저 어떤 우연성에 의해 선택되었다. 화자가 사랑하는 자의 모델처럼 여겼던 스완의 사랑도 마찬가지였다. 합리적이고 균형잡힌 정신의 소유자인 스완이 자기와는 정반대의 부류인 오데트를 사랑한다는 것은 누가 보아도 이상한 현실이다. 스완의 사랑에서는 예상치 못한 두 대상의 우발적인 충돌이 사랑을 발생시킨다는 것이 분명하게 드러난다.

일단 사랑의 감정이 확인되었을 때 스완은 자신에게 기쁨을 주는 오데트의 미소와 표정이 오롯이 자기만의 것이기를 바란다. 그리고 그것을 바라는 만큼 스완의 의심도 깊어진다. '그녀는 저 미소를 나 아닌 다른 사람들에게도 보여주었을까?' '내게 보여주는 그녀의 웃음과 말은 진실일까?' 스완이 진리를 원하면 원할수록 그의 의심은 더 커져만 간다. 반대로 그는 거짓말을 하면 할수록 그 이면의 진리가 더욱 비대해진다는 것을 안다. 오데트에 대한 스완의 사랑은 점점 진실을 찾고자 하는 탐정의 노력과 유사해진다. 오데트의 행동거지, 말 하나하나가 스완에게는 해독해야 하는 기호들이 된다. 기호들의 의미를 찾고 의심 너머의 진리를 찾는 것이 사랑에 빠진 스완이 하는 일들이다.

들뢰즈는 이와 관련해 우리는 모두 사랑하는 평범한 여자를 통해 인간성의 근원으로 되돌아간다고 말한다.* 이 지점은 내용보다 기호가 우세하고, 문자보다 상형문자가 우세한 순간이다. 그때 사랑하는 사람은 상대가 끊임없이 내보내는 기호들을 해독해야 할 것들로 느끼기 때문이다. 그래서 사랑에 빠진 스완은 오데트의 행동거지와 말 하나하나를 해독해 진리를 찾으려고 한다.

스완이 오데트와의 사랑에서 추구했던 진리는 무엇일까? 그것은 의심과 나란히 놓이는 진정성이라고 할 수 있다. 의심할 수 없는 가장 원형의 사랑, 진리 추구조차 필요하지 않은 사랑은? 그것은 어머니의 사랑일 것이다. 우리는 어머니의 사랑에서만큼은 그 진정성을 전혀 의심하지 않는다. 그래서 많은 작가가 어머니의 사랑을 원형적 사랑으로, 사랑의 이상으로 삼고 있다. 하지만 들뢰즈는 프루스트의 소설에서는 사랑의 진리가 어머니의 사랑으로 귀결되지 않는

---

*   질 들뢰즈, 앞의 책, 48쪽 참조.

다고 말한다. 오히려 정반대라고 할 수 있다. 《소돔과 고모라》에서 보이는 사랑의 진리는 오히려 동성애에서 기원하는 진리이며, 사랑에서의 진실은 우선 성性의 분열이라고 말한다.* 들뢰즈는 우리가 두 성이 따로따로 죽어갈 것이라는 《소돔과 고모라》 속 삼손의 예언 아래 살고 있으나 분리·분열된 성이 동일한 개체 안에 공존하고 있는 탓에 모든 것이 복잡해진다고 말한다. 이러한 근원적인 자웅동체는 계속해서 갈라지는 두 가지 동성애 계열을 생산한다.**

　사랑의 진리가 성의 분열이라니 이것은 무슨 의미일까? 우리는 통상 사랑을 이성 간의 사랑으로 생각한다. 두 성의 정체성이 확보되고 그다음 두 성 사이에 발생하는 사랑을 생각한다. 그런데 들뢰즈는 두 성 가운데 하나를 각 개체가 소유하고 있는 것으로 보는 게 아니라, 한 개체 안에서 분열되는 것으로 보고 있다. 그는 "(동성애를 하는 남자들은)여성을 좋아하는 여자를 위해 상대 여성의 역할을 한다. 그와 동시에 그 여자는 그들(동성애를 하는 남자들)이 남자에게서 체험하는 바와 거의 비슷한 맛을 그들에게 제공한다"라는 《소돔과 고모라》의 내용을 통해 성의 분열

---

*　화자의 사랑의 대상인 알베르틴의 동성애가 소설에 등장하며, 스완은 오데트의 동성애적 성향까지도 의심한다.

**　질 들뢰즈, 앞의 책, 123쪽 참조.

에 관해 설명한다.* 그러니까 동성애 남성은 여성을 좋아하는 여성을 위해 자기 안에서 여성을 끌어냄으로써 성의 분열이 일어나고, 동성애 여성은 남성을 좋아하는 남성을 위해 자기 안에서 남성을 끌어냄으로써 성의 분열이 일어난다는 것이다. 들뢰즈는 프루스트의 소설에서 사랑의 양상이 이성애와 동성애를 오가는 것은 바로 사랑의 진리가 성의 분열에 있기 때문이라고 말한다.

들뢰즈는 프루스트가 보여주는 사랑의 기호 속에서 거짓말과 진리의 원칙, 자웅동체적 성의 자기분열 원칙을 발견한다. 사랑의 본질을 설명하는 이러한 두 원칙에 따라 사랑은 육화된다.

은유, 이해하는 마음과 공감의 장

은유에 대한 새로운 정의

우리는 "내 마음은 호수요" 또는 "토론은 전쟁이다"라는 말이 암시하는 의미를 바로 이해한다. 그리고 이와 같은 표현이 은유라고 불린다는 것도 잘 알고 있다. 은유는 문학에서 사용되는 수사학적 기법이지만, 은유의 역사

---

* 질 들뢰즈, 앞의 책, 123~124쪽 참조, 괄호는 참조자.

는 너무나 오래되어서 우리는 단번에 어떤 것이 은유이고 은유가 아닌지를 분간할 수 있다. 철학에서 은유는 중요하게 다뤄졌으며 은유의 중요성을 잘 알았던 아리스토텔레스나 해석학자인 폴 리쾨르는 은유를 수사학적 기법 이상의 것으로 삼는다. 그렇지만 널리 퍼져서 관습적으로 사용되는 은유이건 철학적으로 이론화된 은유이건, 은유는 체험을 전제한다. 위의 두 문장에서 마음과 비교되는 호수는 바다나 강물과 달리 특별히 바람이 몰아치지 않는 한 움직임 없이 잔잔하다. 호수에 대한 체험이 있기 때문에 마음이 호수라는 은유가 이해되는 것이다. 마찬가지로 전쟁은 누군가 이겨야만 끝나는 것으로, 이 전쟁의 체험이 있어야만 토론이 전쟁이라고 말했을 때 그 의미가 이해된다.

언어학자인 조지 레이코프와 철학자 마크 존슨은 인지적 관점에서 '은유'에 대한 새로운 이론을 내놓는다.* 그들은 몸의 경험 및 타인과의 상관관계를 중심으로 하는 이른바 체험주의experientialism에 기초해서 은유를 정의한다. 이들은 은유를 사용함으로써 우리가 생각하는 방식 자체를 바꿀 수 있다고 주장한다. 절대적 진리, 객관적 실재의 신화를 벗어나서, 하지만 진리 자체를 추구하는 태도는

---

*   마크 존슨·조지 레이코프, 《삶으로서의 은유》, 노양진·나익주 옮김, 박이정출판사, 2006 참조.

견지하면서 우리는 여러 다양한 은유들을 여러 문화와 세계에서 발견할 수 있다.

은유의 기술

은유의 사용은 문학가나 시인의 전유물인가? 일반인인 우리는 그저 은유를 이해하는 데 만족해야 하는가? 하지만 누구나 한 번쯤은 은유를 사용해본 경험이 있을 것이다. 그것이 개념을 설명하기 위해서건 이 개념에 담긴 자신의 감정과 의견을 전달하기 위해서건 말이다. 레이코프와 존슨은 은유의 본질을 한 종류의 것을 다른 종류의 것을 통해 이해하고 경험하는 것이라고 말한다. 특히 그 의미를 명확히 알지 못하는 추상적 개념이라면 우리는 체험을 통해 익히 알고 있는 의미를 통해서 해당 개념을 더 잘 이해할 수 있다. 이때 레이코프는 표현하고자 하는 대상을 '표적 영역'이라고 부르고 몸의 경험에 의해 이미 주어진 것을 '원천 영역'이라고 부른다. "시간은 돈이다"라고 말할 때 시간은 표적 영역, 돈은 원천 영역이 되는 것이다. 우리가 체험을 통해 돈은 적절하게 사용해야 하는 것임을 알고 있을 때, 시간을 이런 돈의 개념을 통해 이해하려는 것이다. 또한 은유를 사용함으로써 특정 개념과 관련된 표현들이 따라나온다. "시간을 낭비한다", "시간을 아껴 쓰자" 등이 그것이다. 다시 말해 체험에서 주어진 것은 단지 하나의 개념으로서가 아니라 개념을 아우르는 의미의 망과 함께 표적 영역의 이해에 기여한다. 또 시간을 표현하기 위해서 "시간은 강물이다"라고도 말할 수 있다. 이는 시간은 흘러가는 것이고, 다시 돌이킬 수 없는 것임을 강조하는 은유이다. 강물의 은유는 체험으로 주어진 강물의 특징들을 시간을 이해하기 위해 사용한 것이다. 시간에 대한 '돈'과 '강물'의 은유는 시간의 개념이 지닌 다원적 측면을 알려준다. 은유는 시간이 가진 여러 개념적 특징들 가운데 부분적인 의미를 구조적으로 드러내준다.

표적 영역과 원천 영역에 의한 은유의 기술에서 우리는 은유의 두 가지 특징을 발견할 수 있다. 우선 원천 영역이 은유의 대상인 표적 영역의 부분적인 의미를 나타낸다는 말은 표적 영역이 원천 영역으로 결코 환원될 수 없다는 말과 같다. 실제로 우리는 시간(표적 영역)을 돈(원천 영역)으로 환원시킬 수는 없다. 돈은 빌려주고 갚는 것이지만 시간은 그런 종류의 것이 아니다. 만일 시간의 개념을 돈의 개념으로 환원시킨다면, 이는 시간이 지닌 풍부한 의미를 빈곤하게 만드는 것이다. 여기서 은유의 두 번째 특징이 나온다. 어쨌든 은유가 표적 영역과 원천 영역의 관계를 통해 만들어지는 것이라면, 은유는 부각되는 내용과 상실되는 내용을 아우를 수밖에 없다는 것이다. "사랑은 광기다"라는 은유는 사랑의 열정, 이성을 마비시키는 상태 등을 부각하지만 사랑이 가질 수 있는 다른 특징들인 함께 완성하는 것, 아름다운 것 등을 감춘다.

그로부터 은유는 한 개념의 절대적 진리를 추구하는 것이 아니라 체험적인 풍부한 진리를 추구하는 것임을 알 수 있다. 철학사 안에서 은유는 '장식'의 기능에 한정되었다.[*] 한 개념의 본질적 의미가 이미 존재하고 은유는 그저 거기에 추가된 의미라는 것이다. 이러한 태도에는 절대적 진리나 본질의 추구가 함축되어 있다. 레이코프의 체험주의에 따른 은유는 그러한 진리 개념에 강하게 반발한다. 진리는 절대적이고 객관적인 것이 아니다. 본질주의적 태도는 은유를 단지 언어의 차원에서 바라보았지만, 레이코프는 은유는 언어 이상의 것이며 문화적 실재를 바꿔놓을 수 있는 힘을 가진다고 말한다. 그리고 본질주의가 전제하는 절대적인 진리는 은유를 통해 체험된 진리, 체험적 진리에 자리를 내어준다.

은유가 아니더라도 우리의 일상적 언어사용은 체험과 밀접하게 연관되어 있다. 사람들은 보통 "구름이 산 위에 있다"고 말하지 "구름 아래 산이 있다"고 말하지 않는다. 이때 "위에"라는 표현의 기준점이 된 것은 "산"이며 말

---

[*]   이성민 외 지음, 《은유 수업》, 텍스트프레스, 2021 참조.

하는 자는 자신을 "산"과 같은 위치에 놓고 있다. 우리의 몸은 세계 속에서 무언가를 지향하고 있으며, 이러한 신체의 지향성이 우리의 언어에 나타나고 있는 것이다. 한 종류의 것을 다른 종류의 것을 통해 표현하려는 은유의 방식 말고도 이러한 지향성이 반영된 은유적 표현들이 있다. 기분이 좋을 때 우리는 "마음이 들떴다"라고 말하고 기분이 나쁠 때 "마음이 가라앉았다"라고 말한다. 이는 지향적으로 위가 긍정적인 의미를, 아래가 부정적인 의미를 포함하기 때문이다. 유사한 표현으로 우리는 "사기충천"이라고 말하면서 위로 올리는 것의 긍정적 효과를 말하고, "의욕이 솟는다"라고 말하면서 상승의 긍정적 효과를 말한다. 이를 통해 행복, 기쁨 등의 마음의 상태를 위에, 불행, 슬픔 등의 마음의 상태를 아래에 비유한다는 것을 알 수 있다.

은유가 고민할 필요 없이 곧바로 이해되는 것은 은유의 원천을 체험에서 가져오기 때문이다. 다만 이러한 은유가 반복되고 고착되었을 때 은유가 지녔던 본래적 의미가 희미해지고 관습적 의미로 변질될 수 있다. 반복된 체험이 습관으로 고착되듯이 말이다. 하지만 은유는 발명이고 의미의 창조다. 어떤 개념을 표현할 수 있는 무한한 은유를 개발하는 것은 개념을 풍성하게 만들 뿐만 아니라 새로운 체험의 기회도 열어놓는다.

새로운 은유

　문학가들은, 특히 시인들은 은유의 달인처럼 보인다. 그들은 전달하고자 하는 주제를 진부하고 빈곤한 언어가 아닌 창조적이고 생생한 언어로 전달한다. 같은 요리라도 식어서 풍미를 잃어버린 것과 갓 만들어져 나온 것이 다른 것처럼, 같은 음식이라도 냉장고에서 바로 꺼낸 반찬통에 든 것과 예쁜 문양과 세련된 디자인의 접시에 담긴 것이 다른 것처럼 의미를 어떤 언어로 전달하는가에 따른 차이는 크다. 문학가들을 언어의 마술사 내지 언어의 조탁자라고 부르는 명명법에 우리는 충분히 동의한다.

　하지만 그게 문학가와 시인만의 일일까? 몸을 가진 이상 인간은 모두 체험을 한다. 이 체험들로부터 인간은 의미를 얻는다. 한 번이라도 산에 올라본 사람이라면 산을 오를 때 흘렸던 땀이 정상에 올라 바람에 씻겨지면서 성취감을 불러오는 경험을 알 수 있을 것이다. 이러한 땀은 작품을 만들어내기 위해 몸을 쓰는 예술가의 땀이기도 하다. 이렇듯 우리 각자의 체험이 연결되어 있을 뿐만 아니라 우리의 체험들 각각도 그 유사성에 의해 연결되어 있다. 그런데 우리의 경험이 늘 예상한 대로 일어나지는 않는다. 때로 관습적인 된 은유가 아닌 새로운 은유를 통해 새로운 경험을 표현하거나 이해할 필요가 있다. 사랑은 아이나 어른이나 남자나 여자나 할 것 없이 고민하는 문제이다. 그래서인지 사랑에 대한 은유도 꽤 다양하다. "사랑은 불꽃이다", "사랑은 정복이다"와 같은 표현은 우리에게 익숙하다. 말하자면 관습적이 된 은유이다. 하지만 "사랑은 비밀고백이다" 또는 "사랑은 예술작품이다"라는 은유는 사랑의 새로운 면모를 밝혀준다.* 사랑을 이러한 은유로 표현하는 사람은 비밀고백이 함축하는 의미의 그물망인 친밀성, 신뢰, 충실성 등을 사랑의 경험과 유사하다고 생각하고 있을 것이며, 사랑을 예술작품으로 표현하는 사람은 예술작품이 함축하는 의미의 그물망, 함께 만드는 것, 아름다움 등을 사랑의 경험과 유사하다고 생각하고 있을 것이다. 이렇듯 은유는 이미 경험했던 의미에 새로운 의미를 추가하거나 기존의 의미를 바꾸는 효과가 있다.

은유를 그저 언어상의 문제라고 취급한다면, 그리고 실재는 변하지 않고 늘 동일하다고 판단한다면 은유는 체험에 아무런 변화를 일으키지 않을 것이다. 그리고 이러한 실재의 개념은 인간의 경험과 무관할 수밖에 없다. 그러나 현실에는 우리의 경험에 뿌리내리고 있는 실제적인 것들이 있다. 실제적인 지각·감각·감정 등 경험을 통해 알게 되는 우리가 부정할 수 없는 것들이 있다. 은유가 대상으

---

* 앵거스 플레처, 《우리는 지금 문학이 필요하다》, 〈로맨스의 불을 다시 지펴라〉, 박미경 옮김, 비잉출판사, 2021 참조

로 하는 것이 그러한 것들이며, 은유는 아직 발굴되지 않은 대상의 의미들을 체험들로부터 끌어낸다. 그런 점에서 은유는 실제적인 힘을 가진다.

은유와 이해하는 마음

지금 지구인들은 어느 때보다 극심한 기후 위기를 경험하고 있다. 환경오염으로 인한 지구온난화는 예상치 못한 가뭄과 홍수, 어느 때보다 강력한 태풍들을 일으키고 있으며, 여기저기에서 기후와 관련된 경고의 목소리들을 내고 있다. 그런데 그 목소리가 권력을 가진 정치가라면 더 크고 강하게 들릴 것이다. 예를 들어 미국 대통령이 "지구 온난화와의 전쟁"을 선포한다면 큰 반향을 일으킬 것이다. 다시 말해 은유는 누가 사용하느냐에 따라 그 효과가 달라질 수 있다. 앞서 우리는 은유가 갖는 실제적 힘에 대해 말했는데, 이와 더불어 권력자가 사용하는 은유가 갖는 막강한 파급력에 대해서도 반성해야 할 것이다.

반대로 은유의 섬세한 사용이 있을 수 있다. 사람마다 같은 체험을 할 수 없으며 이러한 다양성을 은유를 통해 나타낼 수 있다. 개념에 종속되지 않고 집단이 공유하는 상식에 매몰되지 않을 때 은유의 섬세한 사용이 가능하며, 이때 은유는 우리의 일상적 세계의 디테일들을 이해할 수 있게 해준다. 레이코프는 은유를 사용하거나 이해하는 데 필요한 능력을 '상상적 합리성'이라고 지칭한다. 이 능력은 타인의 관점에서 사물을 바라볼 수 있게 하고, 동일한 사물을 대하는 타인의 체험 세계를 이해하는 것으로 이루어지며, 진리란 그 모든 것들을 포괄한다는 것을 전제하고 있다. 요컨대 은유는 체험 안에서의 나와 환경의 관계, 나와 타인의 관계, 나와 나 자신의 관계에서 나온다. 레이코프는 몇 가지 영역에서 은유가 실제적 영향력을 가지면서 보다 풍부한 관점을 낳을 수 있을 것이라고 예측한다.

첫째, 은유는 타인과의 의사소통과 상호이해에 도움을 준다. 은유를 이해함으로써 우리는 다양한 세계관이 존재한다는 것을 안다. 이는 은유의 사용법을 깨달음으로써 우리 자신의 체험이 다양하다는 것을 이미 알고 있기 때문에 가능하다. "은유적 상상력은 공감대를 창조하고, 공유되지 않은 경험의 본성을 전달하는 핵심적인 기술"*이다.

둘째, 은유는 자기를 이해하는 데도 도움을 준다. 자기를 이해할 수 있는 능력은 타인과의 상호적 이해 능력을 전제한다. 내가 나 자신을 이해하기 위해서는 나를 넘어설 필요가 있기 때문이다. 나 자신을 알기 위해서 마치 나 자신과 대화하듯이 나의 과거, 현재의 활동, 나 자신의 꿈과

*   마크 존슨·조지 레이코프, 앞의 책, 365쪽.

목표 등을 다시 한번 돌아보게 될 것이며, 이때 이런저런 방식으로 개인적 은유를 사용함으로써 유연하고 융통성 있게 나 자신을 이해할 수 있다.

셋째, 은유는 미적 경험에도 도움을 준다. 은유는 단순한 언어의 문제가 아니라 개념을 구조화하는 문제이며, 이러한 구조화에는 일종의 창조성이 필요하다. 나의 체험을 이루는 감각적 경험들이 하나의 개념을 둘러싸고 조화로운 의미의 망을 짠다. 이것은 조화로운 예술작품을 창조하는 작업과 비교될 만하다.

이외에도 문화를 형성하거나 정치적 메시지를 전달하고자 할 때에도 은유가 도움을 줄 것이다. 마크 존슨과 조지 레이코프의 은유에 대한 새로운 정의는 단지 이론적이기만 한 것이 아니라 은유의 테크닉을 알려주며 은유가 지닌 실제적·실천적 면모를 드러낸다. 은유는 단지 언어의 문제가 아니라 사고 실천의 문제, 아니 단적으로 실천의 문제다.

나가며

이 책의 구상은 철학자 루소와 메를로퐁티가 똑같이 언어에 관해 적으면서 '노래하듯이 말한다'는 표현을 사용한 것에 관심을 가지면서 시작되었다. 우리는 기분이 좋을 때 콧노래를 부르거나 아니면 혼잣말에 아무렇게 곡조를 넣어 흥얼거린다. 노래와 말의 기이한 방식의 결합이지만 이러한 말에 자발성과 정념이 섞여 있다는 것은 확실하다. 말과 언어를 단순히 사고나 사상의 전달자처럼 여길 때 그러한 말과 언어에는 '노래하듯이'가 함축하는 의미가 빠져 있다. 그러한 말과 언어는 마치 정확한 기계적 작동에 의한 로봇의 움직임 같은, 그리고 동일한 작동에 한결같이 동일하게 움직이는 로봇들의 움직임 같은 의미만이 있다. 그런데 말하는 주체가 로봇이 아니듯 인간의 말과 언어는 사고와 사상의 단순한 전달자에 그칠 수 없다.

시라는 가장 오래된 문학 형식은 여전히 남아 있고, 신화나 전설, 민담은 사라졌지만 소설이 그 자리를 대신하고 있다. 문학의 언어는 소통이라는 언어의 기능 이상의 어떤 의미를 전달하는바, 이러한 언어는 인간이 살아 있고 생생한 세계를 경험하는 이상 결코 사라지지 않을 것이다. 시인과 소설가들은 세계에 대한 가장 예민한 감각을 가진 보초병처럼 보통 사람들과는 다른 재능을 타고났을 수도 있다. 그렇지만 그러한 창조적인 언어도 그것을 듣거나 읽는 관객과 독자와 함께할 때 비로소 그 완전한 의미가 결실을 볼 수 있을 것이다. 이 또한 그러한 언어를 경험하는 관객과 독자가 이해할 수 있는 능력을 가지고 있기 때문이다.

이 책 역시 2022년 여름 내내 철학아카데미에서 필자의 강의를 들었던 관객이자 독자인 수강생들이 없었다면 완성하지 못했을 것이다. 대략적인 초고가 써진 뒤 필자는 그 내용을 가지고 철학아카데미에서 강의를 했고 비록 그 수는 적었지만 수강생들은 부족한 강의에 끝까지 참여해 주었다. 이 기회를 빌어서 강의를 기회를 마련해준 철학아카데미와 이 책을 완성하는데 큰 도움을 주었던 수강생들에게 감사를 드린다. 또한 부족한 원고를 읽고 필요하고 적절하게 지적해주신 한재현 편집자에게도 감사를 드린다.

2023년 3월
정지은

참고문헌

마크 존슨·조지 레이코프, 《삶으로서의 은유》, 노양진·나익주 옮김, 박이정출판사, 2006.

사사키 아타루, 《야전과 영원》, 안천 옮김, 자음과모음, 2015.

이성민 외 지음, 《은유 수업》, 텍스트프레스, 2021.

장 자크 루소, 《언어의 기원》, 한문희 옮김, 한국문화사, 2013.

질 들뢰즈, 《의미의 논리》, 이정우 역, 한길사, 1999.

──, 《프루스트와 기호들》, 서동욱 옮김, 민음사, 2004.

앵거스 플레처, 《우리는 지금 문학이 필요하다》, 박미경 옮김, 비잉출판사, 2021.

페르디낭 드 소쉬르, 《일반언어학 강의》, 최승언 옮김, 민음사, 1990.

로만 야콥슨·모리스 할레, 《언어의 토대: 구조기능주의 입문》, 박여성 옮김, 문학과지성사, 2009.

Ferdinand de Saussure, *Cours de linguistique générale*, payot, 1971.

Gille Deleuze, *L'île déserte. Textes et entretiens 1953-1974*, Seuil, 2002.

Marcel Proust, *À la recherche du temps perdu* [E-book], Gallimard, 1947.

Maurice Merleau-Ponty, *La phénoménologie de la perception*, Gallimard, 1945.

——, *Le sens et non-sens*, Gallimard, 1996, 1er Edition Nagel, 1966.

——, *L'oeil et l'esprit*, Gallimard, 1964.

——, *Le visible et l'invisible*, Gallimard, 1964.

Thomas Edward Lawrence, *Les sept piliers de la sagesse*, Gallimard, 2017.

배반인문학

말

1판 1쇄 발행 2023년 3월 31일

지은이 · 정지은
펴낸이 · 주연선

(주)은행나무
04035 서울특별시 마포구 양화로11길 54
전화 · 02)3143-0651~3 ┃ 팩스 · 02)3143-0654
신고번호 · 제 1997—000168호(1997. 12. 12)
www.ehbook.co.kr
ehbookehbook.co.kr

ISBN 979-11-6737-282-6 (04100)
ISBN 979-11-6737-005-1 (세트)